Le Français avancé

A French reading and listening comprehension text for the Caribbean

Béatrice Boufoy-Bastick (Ph.D)

Le Français avancé

A French reading and listening comprehension text for the Caribbean

Béatrice Boufoy-Bastick (Ph.D)

Department of Language and Cultural Studies
University of Guyana
Georgetown, Guyana, South America

© 2004 Department of Language and Cultural Studies

All rights reserved.

Printed in the United States of America.

No part of this publication may be reproduced, stored in or introduced into a retrieval system, or transmitted, in any form, or by any means (electronic, mechanical, photocopying, recording, or otherwise) without the prior permission of the publisher. Requests for permission should be directed to the Head of Department, Language and Cultural Studies, University of Guyana, Georgetown, Guyana, South America.

French copy editor: Porte, Clémentine

Foreword: Archer, Derek

Author: Boufoy-Bastick, Béatrice

Le Français avancé

p. cm.

Includes bibliographical references

ISBN: 976-624-012-4

Acknowledgements

The author and publisher thank the following authors and news agencies for their kind permission to reproduce copyrighted articles and illustrations.

- Adri © 2001
- Agence Canadienne de Développement International (ACDI)
- Agence France Presse
- Andrea Schwieger Hiepko, Mots Pluriels
- Elia Imberdis, l'Express du 14/06/2002
- Eliance (Restauration commerciale)
- Frédéric Folliot, Jean-Charles Gatineau et Joëlle Jacques, LA VOIX DU NORD© 2002 - réalisation TELMEDIA©
- Istockphoto© photographic illustrations
- Le ministère du Travail et de l'Immigration du Manitoba, Canada
- Pascale Desclos, l'Express du 07/02/2002
- Rebondir, wanadoo.fr
- Ressources éducatives du serveur de l'académie de Fort-de-France
- Xavier Cattarinich

Foreword

Le Français avancé is the advanced French course for the Caribbean. Its Caribbean focus makes it an invaluable text for the preparation of Caribbean students for CXC French examinations and for use on undergraduate French courses. Le Français avancé is a major contribution to the teaching of French in the English-speaking Caribbean.

Le Français avancé is unique in developing both communicative language skills and research skills. Proficiency in the four language skills of speaking/listening and reading/writing is achieved through an examination of current social and cultural issues pertinent to the francophone Caribbean. These topical issues are well chosen to give insights by implicit anglophone comparisons to promote students' sensitivity and appreciation of linguistically dissimilar Caribbean cultures. It also aims at preparing students to strengthen the emergent political and economic ties within our multilingual Caribbean region.

Le Français avancé presents students with a series of carefully structured units. Each unit provides a description of one fascinating aspect of "les Antilles" et "les Antillais" and sheds light on their relationships with metropolitan France. Dr. Boufoy-Bastick has used a three-pronged methodological approach to structure these innovative pedagogical units: Communicative, Linguistic and Sociocultural.

(i) "Le communicationnel" is supported by stimulating classroom activities using the text of each unit as a springboard to greater proficiency. These activities reinforce, extend and build on the reading and listening activities of previous units.

(ii) "Le linguistique" prioritises lexical development so enabling students to discuss current Caribbean social and political issues.

(iii) "Le socioculturel" creates meaningful integrative contexts for student learning by highlighting some of the most salient sociocultural aspects of the francophone Caribbean.

Le Français avancé is unique in fostering an inclusive Caribbean identity among English-speaking Caribbean students of French; it is a 'must' for all advanced Caribbean students of French.

Derek Archer

Head of Department of Language and Cultural Studies, University of Guyana President of the Alliance Française of Guyana

Contents

v	Acknowledgement
vii	Foreword
ix	Contents
xv	Introduction
1	**PART 1** Reading Comprehension
3	**Unit 1** Comment caractériser l'Antillais ?
6	**Unit 2** La communauté antillaise en métropole : *Une "communauté" nouvelle*
10	**Unit 3** La communauté antillaise en métropole : *Un provisoire qui dure*
14	**Unit 4** La communauté antillaise en métropole : *Pour une nouvelle ère de la citoyenneté*
19	**Unit 5** Peut-on continuer d'être Antillais hors des Antilles ?
25	**Unit 6** La famille antillaise : *Les Antillais au Manitoba*
29	**Unit 7** Le tourisme aux Antilles françaises : *Aller aux Antilles, ou pas ?*
32	**Unit 8** Voyage dans la Caraïbe anglophone : *Noël au Guyana*
38	**Unit 9** La coopération canadienne aux Antilles : *Projet de l'ACDI en Haïti*

TABLE DES MATIÈRES
CONTENTS
TABLE DES MATIÈRES 1

PREFACE, LE FRANÇAIS AVANCÉ

43   Unit 10
     Projets d'assistance
     technique à Haïti

45   Unit 11
     Une interview d'Edouard
     Glissant : *1ière partie*

49   Unit 12
     Une interview d'Edouard
     Glissant : *2ième partie*

55   Unit 13
     La politique en métropole :
     *Une année décisive pour
     Jean-Pierre Raffarin*

60   Unit 14
     Eliance

63   PART 2
     Listening Comprehension

65   PART 2A
     Short listening items

66   Unit 15
     A la recherche d'un emploi
     1 : La lettre de motivation

68   Unit 16
     A la recherche d'un emploi
     2 : Etre proactif

71   Unit 17
     A la recherche d'un emploi
     3 : L'entretien

74   Unit 18
     Emigrer ou non ?

77   PART B
     Long listening passages

78   Unit 19
     Visite aux Antilles : Trinité-
     et-Tobago, Haïti, Guyane

81   Unit 20
     La nouvelle "Île-de-France
     antillaise"

TABLE DES MATIÈRES
CONTENTS
TABLE DES MATIÈRES 2

Contents

85   **Unit 21**
La circonscription de Fort de France 1 est en ligne !

88   **Unit 22**
Les Antilles: Coup d'oeil sur le passé

91   **Unit 23**
Radio Haïti cesse d'émettre pour raisons de sécurité

93   **PART 3**
Situations

95   **Unit 24**
Situation practice 1

96   **Unit 25**
Situation practice 2

97   **Unit 26**
Situation practice 3

98   **Unit 27**
Plaidez votre cause

100   **Unit 28**
Argumentez

103   **PART 4**
Answers to reading comprehensions

105   **Unit 1**
Comment caractériser l'Antillais ?

107   **Unit 2**
La communauté antillaise en métropole : *Une "communauté" nouvelle*

109   **Unit 3**
La communauté antillaise en métropole : *Un provisoire qui dure*

111   **Unit 4**
La communauté antillaise en métropole : *Pour une nouvelle ère de la citoyenneté*

TABLE DES MATIÈRES
CONTENTS
TABLE DES MATIÈRES 3

TABLE DES MATIÈRES
CONTENTS
TABLE DES MATIÈRES 4

114 Unit 5
Peut-on continuer d'être Antillais hors des Antilles ?

117 Unit 6
La famille antillaise : *Les Antillais au Manitoba*

119 Unit 7
Le tourisme aux Antilles françaises : *Aller aux Antilles, ou pas ?*

122 Unit 8
Voyage dans la Caraïbe anglophone : *Noël au Guyana*

125 Unit 9
La coopération canadienne aux Antilles : *Projet de l'ACDI en Haïti*

127 Unit 10
Projets d'assistance technique à Haïti

129 Unit 11
Une interview d'Edouard Glissant *(1ière partie)*

131 Unit 12
Une interview d'Edouard Glissant *(2ième partie)*

133 Unit 13
La politique en métropole : *Une année décisive pour Jean-Pierre Raffarin*

135 PART 5
Answers to listening comprehension

137 PART 5A
Short listening items

138 Unit 15
A la recherche d'un emploi : La lettre de motivation

Contents

141 Unit 16
A la recherche d'un emploi :
Etre proactif

144 Unit 17
A la recherche d'un employ :
L'entretien

147 Unit 18
Emigrer ou non ?

151 PART 5B
Long listening passages

152 Unit 19
Visite aux Antilles : Trinité-
et-Tobago, Haïti, Guyane

156 Unit 20
La nouvelle "Île-de-France
antillaise"

159 Unit 21
La circonscription de Fort
de France 1 est en ligne !

162 Unit 22
Les Antilles : Coup d'oeil sur
le passé

165 Unit 23
Radio Haïti cesse d'émettre
pour raisons de sécurité

167 PART 6
Answers to situations

169 Unit 24
Situation practice 1

170 Unit 25
Situation practice 2

171 Unit 26
Situation practice 3

173 About the Author

Introduction

Le Français avancé - A French reading and listening comprehension text for the Caribbean

Aims and objectives

Le Français avancé is designed primarily to prepare students for the higher level of the CXC/CSEC and CAPE examinations. The course has a strong francophone Caribbean focus and can also be used for a wide range of French syllabi, such as those delivered in Caribbean Teacher Training Colleges and in tertiary institutions. It is built on the student-centred exploitation of topical articles pertinent to Caribbean students.

The teaching and learning Units in Le Français avancé promote lively, culturally appropriate communicative French through interactive activities such as role-plays, interviews and debates. Le Français avancé enhances students' autonomous learning by utilizing current pedagogic principles of communicative language teaching methodology. The Units can be used sequentially to support week-by-week class teaching or they can be individually selected as self-contained teaching/learning activities to support individual learning for students at different levels of language proficiency. Students and teachers will find it topical, motivating and relevant because it targets student-centred exploitations of up-to-the-moment newspaper, magazine and internet articles on current issues in the Caribbean.

For ease of use the course book is structured into six parts.

Six-part structure

Part 1: Reading comprehension

This comprises 14 units in keeping with typical teaching timetables. These units are pedagogically structured reading comprehension passages based on carefully selected topical articles and news items about the Caribbean. Each is followed by graded comprehension questions and a series of oral and written learning reinforcement activities exploiting the special pedagogic structure of the reading passages.

Part 2: Listening comprehension

To improve learning management, Part 2 is presented in two separate sub-parts offering teachers and students the choice of short listening items in Units 15 to 18 or longer listening passages in Units 19 to 23 as appropriate to the learning situation. Each listening comprehension unit comprises a vocabulary section with comprehension questions on the written and recorded text. Each listening comprehension unit is then followed by thematically focused learner-centred reinforcement activities.

An important aspect of the book for class management and student motivation is that each reading and listening unit leads to interesting lively communicative oral activities such as role-plays, interviews and debates. These units are also designed to be self-contained so that they can be selected to suit course requirements and fitted to students' abilities and interests.

The audio-recordings are accessible on-line. They can be securely downloaded from the following URL:

http://AdvancedFrench.securitymeltdown.com

Part 3: Situations and Self-expression.

This section is targeted directly to enhancing CSEC performance. There are three units on 'Situations', each comprising a series of ten CSEC 'Responses to situations' questions. There are also two 'Self-expression' units enabling students to develop and express their own views on CXC topic areas.

Parts 4 - 6: Suggested answers to the exercises in Parts 1 - 3

These sections allow the teacher and students to get immediate feedback on all learning units in the course. For quick reference and easy use they are structured to match exactly the sequence and content of the teaching and learning activities. Full answers are supplied, e.g. 'Answers to reading comprehension' passages in Part 4, long and short 'Listening comprehension' texts in Part 5 and culturally appropriate 'Responses to situations' are suggested in Part 6

Transcriptions of the listening comprehension passages have been included in Part 4 as learning aids to enable students to independently check their responses. Used as teaching aids, transcriptions enable teachers to utilise the written texts for further language development as whole-class activities or for group and individual enhancement exercises.

Introduction   XVII

Sign-posted language activities

Throughout the book five icons indicate each of the five skills practised in Le Français avancé.

Listening

Reading

Speaking

Writing

Research

This course is unique in that it develops French language proficiency in the four linguistic skills of speaking/listening and reading/writing by using current issues pertinent to specific social and cultural characteristics of the French Départements d'Outre-Mer (DOM) and the Wider Caribbean.

PART 1

READING COMPREHENSION

Part 1: Reading Comprehension

Unit 1: Comment caractériser l'Antillais ?

Unit 2: La communauté antillaise en métropole : Une « communauté » nouvelle

Unit 3: La communauté antillaise en métropole : Un provisoire qui dure

Unit 4: La communauté antillaise en métropole : Pour une nouvelle ère de la citoyenneté

Unit 5: Peut-on continuer d'être Antillais hors des Antilles ?

Unit 6: La famille antillaise : Les Antillais au Manitoba

Unit 7: Le tourisme aux Antilles françaises : Aller aux Antilles, ou pas ?

Unit 8: Voyage dans la Caraïbe anglophone : Noël au Guyana

Unit 9: La coopération canadienne aux Antilles : Projet de l'ACDI en Haïti

Unit 10: Projets d'assistance technique à Haïti

Unit 11: Une interview d'Edouard Glissant (1ière partie)

Unit 12: Une interview d'Edouard Glissant (2ième partie)

Unit 13: La politique en métropole : Une année décisive pour Jean-Pierre Raffarin

Unit 14: Eliance

UNIT 1

Texte de compréhension écrite

Comment caractériser l'Antillais ?

Qui est l'Antillais ?

Pour avoir une idée juste de la difficulté de définir une personne comme étant Antillaise, et la complexité des sociétés des Caraïbes, il serait utile de rappeler les impressions d'un colon anglais qui se plaignait en 1803 que l'île de la Trinité était « un mélange d'habitants : Anglais, Écossais, Irlandais, Gallois, Espagnols, Allemands, Suisses, Italiens, Américains et Français », et que toutes les nationalités étaient représentées là-bas. Ajoutez à ces gens les Amérindiens, les Africains, les Indiens d'Asie, les Chinois, les Portugais et une poignée d'immigrants venus du Moyen-Orient, et vous aurez une région très diversifiée du point de vue de la langue, de la religion, de la couleur ainsi que de l'histoire socio-économique et politique.

S'il existe aujourd'hui un point commun entre les différentes sociétés des Antilles, mis à part les parallèles à caractère historique, c'est bien la diversité. Les Antillais peuvent avoir la peau très foncée (révélant leur origine africaine ou du sud de l'Inde), brune (comme les Indiens d'Asie), blanche (origine européenne), jaune (par exemple, les Chinois), rouge (les premiers habitants de la région) ou de presque toutes les couleurs intermédiaires possibles.

Ces personnes aux traits raciaux si diversifiés partagent cependant le même type de climat et de végétation, et elles ont en commun des caractéristiques et des expériences culturelles analogues; un autre trait typique des Antillais est leur grande soif de vivre. Les Antillais sont parfois désignés du nom de Caribéens.

Les Antilles représentent vraiment l'une des régions les plus cosmopolites du monde. Outre les îles ayant l'anglais comme langue d'usage, l'espagnol est la langue maternelle des habitants du Cuba, de Porto Rico et de la République dominicaine, le français est parlé à Haïti, en Martinique et en Guadeloupe, tandis que le hollandais est la langue d'Aruba, de Bonaire et de Curaçao. En outre, certains Antillais parlent hindi, arabe, hébreu, patois ou créole. Dans les Antilles d'expression anglaise, bien que l'anglais soit la langue dominante, les accents diffèrent d'une île à l'autre.

Source: Travail et immigration, Manitoba
www.immigreraumanitoba.com
Tel : 204-945-3744

Répondez aux questions ci-dessous

1. Pourquoi est-il difficile de caractériser l'Antillais ?
2. Y a-t-il eu une forte immigration du Moyen-Orient ?
3. Quelles sont les caractéristiques principales des Antilles ?
4. Est-il aisé de décrire les particularités physiques d'un Antillais ? Expliquez.
5. Qu'est-ce que les Antillais ont en commun ?
6. Sont-ils de nature morne et apathique ?
7. Par quel autre nom appelle-t-on les Antillais ?
8. En quoi les Antilles sont-elles une région linguistiquement cosmopolite ?
9. Que peut-on dire du profil linguistique dans les Antilles anglophones ?

Expression orale

Portrait

En utilisant les données ci-dessus et votre connaissance des caractéristiques de la région caribéenne, faites oralement un portrait de l'Antillais et des Antilles.

> Mélange d'habitants – couleur de peau – même type de climat et de végétation – différentes langues maternelles – développement de créoles

Interview 1

Imaginez que vous êtes Guyanais(e), de Cayenne. Vous rencontrez un(e) Guyanien(ne), de Georgetown. Interrogez-le/la sur son pays.

- Dans quelle région du Guyana habitez-vous ?
- Quels sont les endroits intéressants à visiter dans la capitale ?
- Quelle est la langue parlée le plus couramment, l'anglais ou le créole ?
- Pouvez-vous me faire une description de l'Indo-Guyanien, de l'Afro-Guyanien, de l'Amérindien ?
- Y a-t-il des Rastas au Guyana ?
- Les Guyaniens aiment-ils la musique jamaïcaine, notamment le

Unit 1 : Comment caractériser l'Antillais ?

        reggae et le Dance Hall ?
- Pensez-vous qu'il y ait un Caribéen type ?
- Quelles sont les différences les plus marquantes que l'on puisse noter entre les Guyanais et les Guyaniens ?

Interview 2

Vous faites un reportage sur les Antilles et ses habitants pour un magazine. Vous interviewez un sociologue antillais pour obtenir les informations nécessaires. Imaginez et interprétez l'interview.

UNIT 2

TEXTE DE COMPRÉHENSION ÉCRITE

La communauté antillaise en métropole 1

> **Vocabulaire**
>
> - le transbord: transhipment; transfer
> - agrégation (fem.) : aggregation
> - une fille-mère: unmarried mother
> - l'inflexion: inflexion, reorientation, ship
> - sous-tendre: to underlie
> - inéluctable: inescapable
> - limitrophe: border, bordering
> - avérer (s'): to prove to be, to turn out
> - constitutif (-ive): constituent, component
> - sommer (quelqu'un de faire): to enjoin (someone to do)
> - l'enjeu (mas.): stake; challenge
> - du même coup: at the same time
> - l'ampleur (fem.): extent, scale

1ière partie: Une "communauté" nouvelle ?

De cette histoire antillaise initiée par l'aventure coloniale, le « transbord » inaugure la troisième phase. Il marque aussi une rupture. Si les deux phases précédentes ont été dominées par un processus d'agrégation continue de populations nouvelles et/ou de croissance naturelle plus ou moins rapide, celle-ci a pour particularité de faire pour la première fois des Antilles une terre d'émigration et, par suite, d'élargir l'espace de reproduction des populations antillaises au-delà du seul « territoire d'origine ». Un élargissement qui s'accompagne d'une autonomie grandissante de ces populations « déterritorialisées », par rapport à celles que l'on peut déjà nommer « les populations-mères ». Ou mieux, des « filles-mères », en charge d'une descendance une fois encore mal assumée par l'ex-colonisateur.

Cette évolution est capitale pour l'avenir. Elle touche à toutes les dimensions économiques, sociales, culturelles et politiques de l'histoire des populations antillaises. Elle introduit une inflexion majeure - sinon une rupture - dans les dynamiques qui ont jusque-là sous-tendu cette histoire. Un renouvellement inéluctable des liens entre l'immigration et les sociétés d'origine s'opère depuis près de vingt ans. Il se traduit par une autonomie grandissante de leurs dynamiques démographiques, mais aussi de leurs réalités sociales et culturelles. En métropole, une communauté originale serait ainsi en voie de se constituer, tirant profit de la forte concentration géographique des populations concernées dont près des trois quarts se regroupent en région parisienne, et plus précisément sur un axe nord/nord-est, à Paris et dans ses départements limitrophes.

Mais souligner cette dynamique et en dire l'importance dans l'histoire antillaise, ce n'est pas conclure (sans autre précaution) à l'existence avérée d'une « communauté » unanimement déterminée à exister comme telle dans l'espace public métropolitain et qui montrerait une « capacité politique » à peser sur la vie de la cité.

Deux exigences au moins doivent à cet égard être remplies. La première est l'acceptation, par le plus grand nombre, de l'idée d'une installation définitive en France. La seconde est la capacité à faire admettre son originalité socioculturelle sans rien céder de l'impératif de promotion individuelle et collective des membres de la communauté. L'ambition, il est vrai, est constitutive de l'histoire même des Antilles. Mais, alors que les conditions politiques à même de la satisfaire pleinement sont encore à trouver en Martinique et Guadeloupe, voilà les populations antillaises de France sommées d'y répondre dans un contexte nouveau et d'une manière forcément nouvelle. Énoncer l'enjeu, c'est du même coup en souligner l'ampleur.

Source:
Adri © 2001
Tous droits réservés - webmaster
webmaster@adri.fr
20 février 2003

Questions de compréhension

1. Qu'est-ce qui a initié la troisième phase de l'histoire antillaise ?
2. En quoi consistaient les deux premières phases ?
3. Quel mouvement démographique peut-on noter ?
4. Qui sont les populations déterritorialisées ?
5. Qui sont les populations-mères ?
6. Qu'est-ce qui indique que ce changement est important ?
7. Que peut-on remarquer en France ?
8. Les Antillais émigrent-ils vers les régions du sud de la France ?
9. A quelles exigences doit répondre la communauté antillaise pour exercer un rôle politique en France métropolitaine ?
10. Les conditions politiques en Martinique et en Guadeloupe sont-elles favorables au développement socioculturel et professionnel des Antillais ?

Exploitation lexicale

Trouvez un synonyme pour les mots ci-après

- une agrégation
- un élargissement
- grandissant
- inéluctable
- sommer quelqu'un de faire quelque chose

Expliquez la signification des expressions ci-dessous

- une fille-mère
- la descendance
- l'originalité socioculturelle
- la promotion individuelle
- la promotion collective

Résumé

D'après vos réponses aux 10 questions posées sur le texte, faites un bref résumé de ce texte.

Activités orales

Ecrivez cinq questions sur le texte. Après avoir écrit vos cinq questions, posez-les à un(e) autre étudiant(e).

Interview 1

Avec un(e) partenaire, imaginez l'interview d'un(e) Antillais(e) par un(e) Français(e). Le/la Française lui pose des questions pour savoir :

- de quel Département d'Outre-Mer (DOM) il/elle est originaire
- les raisons pour lesquelles l'Antillais(e) a décidé d'émigrer en métropole
- les conditions de vie aux Antilles (possibilités de promotion sociale et économique).

Unit 2: Une « communauté » nouvelle

Interview 2

Avec votre partenaire, imaginez l'entretien entre un(e) Antillais(e) de Guyane et un(e) Antillais(e) vivant en métropole. Le/la Guyanais(e) cherche à s'informer sur la vie en métropole. Il/elle veut savoir :

- S'il existe une communauté antillaise en métropole et dans quelle région
- S'il est facile de s'intégrer (socialement, culturellement, professionnellement)
- Si l'on a le mal du pays et le désir de retourner aux Antilles.

UNIT 3

Texte de compréhension écrite

La communauté antillaise en métropole 2

> *Vocabulaire*
>
> - le bilan: appraisal, assessment
> - pudique: modest, discreet
> - éprouver: to feel, to experience
> - le caricaturiste: cartoonist
> - l'âpreté (fem.): bitterness; harshness, rawness
> - la méfiance: distrust, mistrust
> - la revendication: claim, demand
> - caritatif (-ve): charitable
> - l'enracinement (mas.): entrenchment
> - au quotidien: in everyday life

2ième partie: Un provisoire qui dure

« Aller en France ! » Chacun avait mille fois rêvé ce départ. Aucun, ou presque, ne doutait du bonheur qui, sans faille, en résulterait. Beaucoup ont aussi imaginé leur venue temporaire. Au bout de presque cinquante ans, il ne reste que l'incertitude d'un provisoire qui dure. L'heure du bilan pourtant est venue. Il demeure individuel, pudique, fragmenté, là où conviendraient la mise en commun des expériences, l'état des lieux collectif. Presqu'un demi-siècle de vie, déjà, au bout duquel on se demande quel compte faire d'une histoire irrémédiablement « autre », sans que jamais l'impression ait été réellement éprouvée d'avoir prise sur son destin. Quel bilan faire de cette histoire ? Un dessin d'un caricaturiste antillais souligne d'un trait les incertitudes du moment. Il montre deux hommes discutant de leur séjour en métropole dans un aéroport des Antilles, sans que l'on puisse décider lequel part pour Paris, lequel en revient. Partir ? Rester ? Revenir ? Tous - aux deux bords de l'Atlantique - pourraient ajouter : « Pour quoi faire ? »

L'immigration antillaise vit la fin d'une

Unit 3: Un provisoire qui dure

époque. Les questions, depuis le début, ne lui ont pas manqué. Faute de réponses, elles demeurent. Mais les frustrations se sont faites plus vives. En quelle " terre " plonger aujourd'hui ses racines ? Quoi espérer encore du pays natal ? Comment, à sa perte, substituer une nouvelle manière d'être ensemble ? Comment penser les formes d'un rassemblement adaptées à l'âpreté nouvelle du monde ? Comment penser un projet d'avenir qui ne distingue pas irrémédiablement ici de là-bas ? Seul est indubitable le fait qu'il n'y a plus de migrations pour se sauver de l'échec de la migration.

Mais personne sur ce point ne peut se tenir quitte du passé. En favorisant le maintien de la paix sociale, les départs des années soixante et soixante-dix ont créé les conditions de la mutation des sociétés antillaises et de leur entrée dans cet univers de consommation auxquelles elles se réduisent aujourd'hui. Ils ont donc plus que contribué à l'amélioration des niveaux de vie de ceux qui sont restés. Plus que jamais, ce rappel s'impose, aujourd'hui que les tentatives de retour sont l'objet là-bas d'une méfiance grandissante. Comme s'impose, en complément, une vive attention aux évolutions institutionnelles aux Antilles. De la décentralisation au renouveau de la revendication d'autonomie, rien ne garantit qu'elles sauront toujours prendre en compte les ambitions, les projets, les attentes, les besoins de ceux de l'émigration. Cela aussi participe de l'écart grandissant entre "nous d'ici" et "nous de là-bas ".

Même si beaucoup demeurent comme suspendus, indécis, entre ici et là-bas, la mutation s'opère. Inéluctable. Elle rend inadéquate la simple poursuite des actions caritatives et du seul engagement bénévole. Une véritable mobilisation institutionnelle est de nouveau requise. Et elle devra favoriser, en priorité, un enracinement politique des populations antillaises et leur pleine participation au quotidien de la cité où s'inscrit durablement leur avenir.

Source:
Adri © 2001
Tous droits réservés - webmaster
webmaster@adri.fr
20 février 2003

Questions de compréhension

1. Quel est le rêve de chacun ?
2. Pense-t-on aller s'installer en France définitivement ?
3. En quoi est-ce un provisoire qui dure ?
4. L'Antillais prend-il une décision définitive de partir our rester ?
5. Que cherche à montrer le dessin du caricaturiste ?
6. A votre avis qu'indiquent les questions que se posent les Antillais sur l'immigration ?
7. A quelle époque les Antillais ont-ils émigré ?
8. Qu'a signifié leur migration ?
9. Quel effet a eu leur migration ?
10. Comment se montrent les Antillais des Antilles envers les Antillais de métropole désireux de rentrer au pays ?

11. Quelles sont les deux questions institutionnelles préoccupant les Antillais ?
12. A quel changement politique radical vont devoir faire face les populations antillaises pour assurer leur avenir ?

Vocabulaire 1

Réutilisez les expressions ci-dessous en terminant les phrases à votre gré.

- Au bout de presque...
- Il ne reste que...
- Seul est indubitable le fait que...
- Rien ne garantit que...
- Plus que jamais...

Vocabulaire 2

Donnez les adjectifs correspondant aux adverbes suivants :

- irrémédiablement : _____
- durablement : _____

Donnez les adverbes correspondant aux adjectifs suivants :

- indubitable : _____
- inadéquate : _____
- inéluctable : _____

Faites cinq phrases utilisant les cinq mots ci-dessous. Vous pouvez utiliser la forme adjectivale ou adverbiale.

Expression orale

Faites les deux entretiens décrits ci-après.

Entretien 1

Imaginez que vous êtes un(e) jeune Antillais(e) francophone. Vous rêvez de partir pour la métropole. Expliquez à un ami vos raisons de votre désir de départ.

Unit 3: Un provisoire qui dure

Entretien 2

Votre ami vient de vous exposer les raisons de son rêve de vivre en France. Vous racontez l'entretien à un(e) autre ami(e), qui lui/elle ne tient, en aucune façon, à quitter les Antilles.

Avant de commencer cet entretien, faites une liste des raisons pour lesquelles un(e) Antillais(e) veut partir en métropole et des raisons pour lesquelles un(e) Antillais(e) n'a aucun désir de quitter son île des Petites Antilles.

UNIT 4

Texte de compréhension écrite

La communauté antillaise en métropole 3

> **Vocabulaire**
>
> - s'évertuer: to strive, to struggle
> - inéluctablement: inescapably, ineluctably
> - l'appartenance (fem.): membership, belonging
> - se heurter à: to come up against
> - faire valoir (ses droits): to assert
> - raréfier (se): to become scarce
> - l'emporter: to prevail
> - entretenir: to maintain, to keep

3ième partie: Pour une nouvelle ère de la citoyenneté

Texte 1

À cet égard, l'exemple antillais a aussi pour mérite de nous éclairer sur les liens si souvent établis entre exclusion et affirmation identitaire. À l'inverse du discours culturaliste, il montre que les formes prises par la revendication identitaire d'un groupe dominé ne peuvent être comprises en dehors des processus de contrôle, de marginalisation, de relégation dont il est l'objet dans la société dominante.

Ce sont ces mécanismes de stigmatisation qui conditionnent les modalités de la revendication identitaire, et non - comme on s'évertue à le faire croire - l'affirmation identitaire qui inéluctablement conduit à la discrimination.

Par-delà les statuts juridiques, les appartenances nationales et/ou les spécificités culturelles, les groupes concernés sont confrontés à un double refus. Le premier est celui qu'opposent les réalités socio-économiques de la société de résidence et ses processus de ségrégation à leur volonté de promotion. Le second est celui qu'oppose une philosophie de société fondée sur le mythe de la nation homogène et la négation des différences, à leur revendication d'un " droit à l'identité ". Si chacune de ces revendications se heurte à des obstacles ou à des interdits (sociaux, juridiques ou institutionnels), le modèle dominant tient pour plus inconcevable encore l'énoncé de front d'une exigence de promotion sociale et d'une volonté d'expression culturelle spécifique.

Source:
Adri © 2001
Tous droits réservés - webmaster
webmaster@adri.fr
20 février 2003

Questions de compréhension 1

1. Que permet de faire l'exemple antillais ?
2. A votre avis, en quoi consiste la problématique de l'affirmation identitaire ?
3. Qu'est-ce qui motive la revendication identitaire ?
4. Qu'est-ce qui explique la revendication identitaire ?
5. Quel est le danger de l'affirmation identitaire ?
6. A quelle réalité socio-économique se trouvent confrontés les groupes dominés dans la société de résidence ?
7. Qu'est-ce qui fait obstacle au " droit à l'identité " ?
8. Est-il aisé pour les groupes dominés d'avancer socialement ?

Texte 2

Là s'enracine l'ambition d'une nouvelle manière de concevoir la "citoyenneté". Celle où la différence affirmée ne serait plus corollaire d'exclusion. Ce qui impose à chacun de ne jamais se faire "alibi", ou "complice" des pratiques de rejet de ces "Autres" à qui on conteste la légitimité à jouir du droit commun. Ambition qui relève non pas de la morale, mais bien de l'exigence politique. Alors, on aura garde d'oublier que tout jeune originaire des Antilles vivant dans une des banlieues de l'Île-de-France est autant concerné par le devenir du cousin aux Antilles que par l'avenir du jeune d'origine étrangère de sa cité. Français le plus souvent, celui-ci a les mêmes droits et la même légitimité à les faire valoir qu'un jeune Antillais (d'ici ou de là-bas). Dans la période antérieure, la relation entre les parents ne souffrait d'aucun risque de concurrence pour l'occupation d'emplois publics. Cela ne vaut plus pour leurs enfants. Cette concurrence nouvelle est d'autant plus vive que les emplois - publics ou privés - se raréfient et que ces jeunes antillais, guyanais, réunionnais, étrangers ou d'origine étrangère sont parmi les plus menacées par la précarité grandissante du marché du travail. Si, entre eux, existe une concurrence potentielle que ne connaissaient pas leurs parents, elle n'enlève rien à leur communauté de destin. Que l'exclusion et la discrimination prédominent, et les "originaires des Antilles" - comme les jeunes étrangers ou d'origine étrangère - en pâtiront. Que l'ambition de l'égalité et du respect de l'autre l'emportent, et tous en bénéficieront.

Quoi qu'il en soit de la relation (conflictuelle ou non) qu'ils entretiennent spécifiquement avec la métropole, l'avenir des Antillais de France doit donc être pensé dans une dynamique plus large et plus complexe. La chose n'est pas nouvelle. C'était déjà vrai de la gestion dont ils ont fait l'objet dans les décennies passées. Elle s'est organisée sous le mode d'une relation, non pas simplement binaire, mais triangulaire. Entre eux et la métropole s'est en permanence insinué - réel ou fantasmé - le migrant étranger ou d'origine étrangère. C'est dans cette relation triangulaire que se jouera aussi leur avenir. Il faut y voir plus qu'une ironie de l'histoire.

Source:
Adri © 2001
Tous droits réservés - webmaster
webmaster@adri.fr
20 février 2003

Questions de compréhension 2

9. Comment devrait se définir la citoyenneté ?
10. Cette nouvelle conception de la citoyenneté est-elle une exigence morale ?
11. Quelle est l'implication sociale de cette conception de la citoyenneté pour les émigrés des banlieues parisiennes ?
12. En quoi les jeunes de familles émigrées se font-ils concurrence ?
13. Pourquoi l'auteur parle-t-il d'une 'communauté de destin' ?
14. De quoi doivent faire preuve ces jeunes pour le bien-être de tous ?
15. Comment faudrait-il concevoir la relation entre l'Antillais de France et la métropole ?

Complétez les phrases ci-après 1.

Les Réunionnais sont originaires de _____ .
Les Guyanais viennent de _____ .
En Guadeloupe vivent les _____ .
Les habitants de la Martinique sont les _____ .
Les Réunionnais ne sont pas _____ .

Unit 4: Pour une nouvelle ère de la citoyenneté

Expression orale

Résumez

A l'aide des idées énoncées ci-dessous, faites un bref résumé du texte. Faites ensuite une présentation orale du texte.

> affirmation identitaire de l'Antillais de métropole - exclusion et revendication identitaire - marginalisation par la société dominante - obstacles à la promotion sociale - reconception de la citoyenneté - acceptation de la diversité culturelle des banlieues - impact du chômage - développer une relation triangulaire.

Expliquez

En groupe de deux,
- faites une liste des problèmes auxquels sont confrontés les jeunes Antillais de métropole ;
- écrivez une question adressant chaque problème énoncé ;
- suggérez une solution à chaque problème.

Rejoignez un autre groupe de deux. Posez vos questions aux élèves de l'autre groupe. Puis discutez des réponses apportées.

Enquêtez

Vous désirez recueillir des informations sur la vie des jeunes Antillais en banlieue parisienne. Vous vous intéressez plus particulièrement à la vie sociale (relation avec d'autres communautés ethniques, avec les Français de souche, possibilité de promotion sociale), à leur situation professionnelle (recherche d'un emploi), et leur identité culturelle. Vos partenaires vont vous fournir des réponses à vos questions.

Plaidoyer

En vous aidant de votre enquête, préparez une communication présentant la vie des jeunes Antillais en métropole.

Complétez les phrases ci-après 2.

Et connaissez-vous les habitants du bassin caribéen ?
Les Haïtiens sont originaires de _____ .
Les Cubains viennent de _____ .
Aux Bahamas vivent les _____ .
Les habitants de la Barbade sont les _____ .
Les Jamaïcains sont _____ .
Et les Guyaniens, d'où sont-ils ? Du _____ .

UNIT 5

Texte de compréhension écrite

La communauté antillaise en métropole 4

Vocabulaire

- le pan: piece
- éparpiller: to scatter
- ébranler: to shake, to weaken
- l'intégrisme (mas.): fundamentalism
- le lot: fate
- la geste: epic poem   la gageure: impossible attempt
- la complaisance: complacency
- le reniement de soi: self-denial
- quémander: to beg for
- le sillage: trail
- borner: to limit, to restrict

4ième partie: Peut-on continuer d'être antillais hors des Antilles ?

Texte 1

Les enjeux de cet avenir se formulent aussi sous la forme d'une simple question : peut-on être Antillais hors des Antilles ? Comment gérer ce rapport proximité/éloignement à soi-même dont Aimé Césaire, dans le *Cahier d'un retour au pays natal*, a donné il y a plus de cinquante ans le modèle ? Événement majeur de la construction de l'identité antillaise, l'écriture du *Cahier* s'est nourrie du long détour qui a ramené le poète à la plus grande des proximités avec lui-même. Ce long détour par lequel on revient à soi, chaque immigré antillais en fait l'expérience. Mais l'enjeu n'est plus seulement aujourd'hui de rassembler les pans éparpillés de cette aventure individuelle et collective, pour enfin" "hors des jours étrangers" faire "retour au pays natal". L'enjeu est d'écrire une nouvelle histoire avec cette part du "nous" qui désormais élargit les rives du pays natal.

La geste du Cahier d'un retour au pays natal ne peut plus être renouvelée. En revanche, son exemple doit être pleinement médité. Pour se rappeler son impact sur la littérature d'expression française et plus largement sur l'histoire de la pensée. Pour se rappeler comment - dans l'entre-deux-guerres - Césaire et ses compagnons (Mesnil, Damas, Tyrolien et bien d'autres, jeunes étudiants à Paris) ont initié l'œuvre collective qui allait ébranler l'ordre colonial. Pour garder la mémoire de Paulette Nardal, à qui l'on doit l'introduction en France des œuvres de la " négro-renaissance américaine ", et sans qui, sûrement, la négritude aurait été autre.

Pour garder, de leur expérience, la leçon que le nombre ne suffit pas à faire l'histoire. Car si faible qu'il était, leur nombre n'a pas empêché ces hommes et ces femmes des

Antilles d'y laisser pleinement leur empreinte. Il n'a pas empêché ce grand cri qui allait - pour la conscience universelle - refonder les normes du bien et du mal, du juste et de l'injuste, du beau et du laid. Leur histoire dans l'Histoire témoigne que les Antillais n'ont jamais été spectateurs du monde. Elle les invite à être à la fois sûrs de ce qu'ils sont, et lucides sur ce qu'ils sont. Sûrs de leur exigence identitaire, et lucides sur les dangers de l'intégrisme culturel. La valorisation de soi n'a pas de meilleur atout que l'échange et l'ouverture aux autres, et pas de pire ennemi que la gestion "intégriste" de son identité. Tant il est vrai que l'identité n'est pas un état, mais une construction et qu'elle n'a de chance de se préserver qu'à raison de sa perpétuelle recréation.

Source:
Adri © 2001
Tous droits réservés - webmaster
webmaster@adri.fr
20 février 2003

Unit 5: Peut-on continuer d'être Antillais hors des Antilles ?

Questions de compréhension 1

1. Quel est l'enjeu de l'avenir des Antillais ?
2. Qui a traité de ce conflit identitaire ?
3. De quoi l'immigré antillais a-t-il fait l'expérience ?
4. A votre avis, en quoi ce retour sur soi est une aventure à la fois individuelle et collective ?
5. Comment semble toujours se terminer la période des " jours étrangers " ?
6. En quoi la geste du Cahier d'un retour au pays natal est-elle significative ?
7. Quand l'oeuvre collective de Césaire et ses compagnons a-t-elle été initiée ?
8. Quelle a été la conséquence socio-politque de cette oeuvre collective ?
9. Est-ce par leur nombre que les Antillais ont laissé leur empreinte ?
10. Quelle contribution les Antillais ont-ils apporté à la conscience universelle ?
11. De quel danger les Antillais ont-ils conscience ?
12. Pourquoi peut-on affirmer que l'identité culturelle n'est pas un état ?

Discussion

- Pensez-vous qu'il existe une identité caribéenne ?
- Pensez-vous que l'identité caribéenne se forgera ou se renforcera au cours du XXIième siècle ?

Texte 2

La préservation de l'identité n'est pas la préservation de l'identique. Être Antillais, ce n'est pas seulement se référer à un passé. C'est vouloir être Antillais. Être Antillais n'est pas une simple donnée de naissance ni d'origine, c'est un projet. C'est là le lot de tous les peuples. Mais la brièveté de notre histoire nous contraint d'en être plus conscients que d'autres. D'autant que s'y ajoute le défi d'un enracinement toujours inachevé, toujours à recommencer. À peu de peuples, il a été imposé d'y faire face à ce degré et aussi vite. À peine la réalité antillaise commençait-elle de se dessiner dans son espace caribéen qu'elle était déjà sommée de se (re)construire en territoire métropolitain.

Ce mouvement de déconstruction-reconstruction est une particularité des peuples caribéens. Nous le partageons avec les West Indians de Londres ou les Portoricains de New York. À dérouler le fil de l'histoire, de la traite négrière aux " "transbords" de l'émigration, on pourrait même s'étonner que nous existions encore.

Débattre aujourd'hui du fait antillais, débattre d'une réalité antillaise en Île-de-France, d'une culture antillaise et de sa place dans l'ensemble hexagonal et européen pourrait donc être tenu pour une gageure. Cela n'est possible que par la grâce de femmes et d'hommes qui ont - dans la pire des conditions - dit non à la négation de leur humanité. C'est cette résistance qui est au départ de ce qui allait former les peuples des Antilles.

Deux mots en résument l'histoire : résistance et création. Celle-ci est donc par essence volontaire et optimiste. Mais elle impose aussi de toujours regarder les choses en face. Sans complaisance à l'égard du risque toujours présent du reniement de soi. Elle enseigne enfin qu'il ne suffit pas de quémander " un droit d'être ". Il faut affirmer sa "volonté d'être" et la poser comme une des dimensions positives de la vie de la cité. L'exemple du groupe Kassav est éclairant. Pur produit de l'immigration, son existence est comparable à celle de la Fania All Star de New York. Tous deux témoignent de l'explosion de vie caribéenne dans leur espace métropolitain respectif. Il faut s'en réjouir, en jouir, et surtout y contribuer. D'autant plus que, parallèlement, les dangers menacent. Ils ont pour nom : chômage, drogue, destructuration sociale. Dans leurs sillages s'élaborent aussi des modèles d'identification, des systèmes économiques, des stratégies. Deux références, l'une fortement positive, l'autre très négative, qui bornent l'horizon des jeunes d'origine antillaise en métropoles. À leur égard, notre devoir est aujourd'hui de capitaliser et de prolonger cette expérience collective. Un double impératif en découle : leur transmettre notre histoire, mais plus encore leur donner les moyens d'écrire, c'est-à-dire d'inventer leur histoire.

Source:
Adri © 2001
Tous droits réservés - webmaster
webmaster@adri.fr
20 février 2003

Questions de compréhension 2

13. D'après vous, quel phénomène démographique active le mouvement de déconstruction-reconstruction de l'identité ?
14. Quelles autres populations sont soumises à ce même mouvement ?
15. Quels sont les deux évenements marquants de l'histoire antillaise ?
16. Qu'est-ce qui allait former les peuples des Antilles ?
17. Comment peut-on résumer l'histoire des Antillais ?
18. Que faut-il poser comme une des dimensions positives de la vie de la cité ?
19. Citez deux exemples de succès caribéen en terre d'accueil.
20. Citez trois exemples de danger pour la population caribéenne émigrée.
21. Comment aider les jeunes d'origine antillaise des métropoles ? Citez deux actions.

Vocabulaire

En vous référant au texte donnez l'antonyme des mots ci-dessous :
- l'éloignement
- le mal
- le juste
- le laid
- la déconstruction
- le reniement de soi
- individuel(le)

Expression orale

En groupe de deux, relisez le texte.

- Après avoir relu le texte dans son intégralité, l'un(e) d'entre vous travaillera sur la première partie et l'autre sur la deuxième partie.
- Pour chacune des parties, relevez les idées principales.
- Après avoir relevé les idées principales, exposez-les oralement à votre partenaire.
- Votre partenaire vous demande d'expliciter certaines idées de votre texte et de lui donner une définition de certains mots.

Interview : un Guyanien Londonien

- Vous rencontrez un Guyanien né à Londres de parents émigrés. Tachez de découvrir l'histoire de sa famille, les raisons pour lesquelles elle a émigré, et son sentiment identitaire.
- Ecrivez une description de cette personne.
- Faites une présentation orale de cette personne.

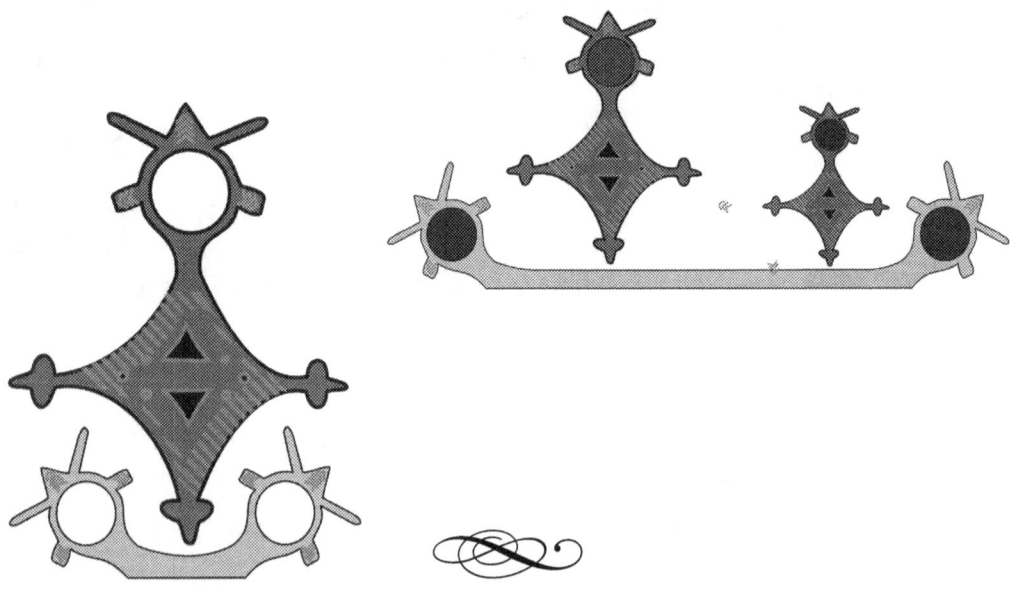

UNIT 6

Texte de compréhension écrite

La famille antillaise

> **Vocabulaire**
>
> - un réseau: network
> - la trame: woof, weft
> - le soutien moral: moral support
> - le bouleversement: upheaval
> - un échantillon: a sample
> - la famille élargie: extended family
> - être d'avis: to agree

Les Antillais au Manitoba

Texte 1

Le concept de la famille dans la communauté antillaise, en fait, réseau au tissu social très serré ayant pour trame l'unité, l'amour, la fierté et le soutien moral, social et économique. La période d'esclavage et les bouleversements socio-économiques subséquents que la région des Caraïbes a connus ont laissé leur marque sur les institutions que sont le mariage et la famille. Les cérémonies officielles de mariage sont encore la marque du statut social. Toutefois, les mariages civils, les relations de "visite" entre gens non mariés et les familles monoparentales sont aujourd'hui socialement acceptés.

La famille de la communauté antillaise du Manitoba compte en moyenne 3,5 personnes. Il existe une forte prédominance de familles monoparentales et de familles dont le chef est une femme. En 1991, une moyenne de 52 % des femmes nées dans les Antilles ont déclaré être " mariées ". Cette moyenne pour les femmes nées au Canada est de 59 %. Pendant toutes les périodes d'immigration, la proportion de femmes d'origine antillaise ayant déclaré être célibataires est plus élevée que dans la population totale d'immigrantes. Bien que la proportion d'hommes antillais s'étant déclarés mariés soit plus élevée que celle des femmes, il existe une forte prévalence des séparations et des divorces dans les deux segments de l'échantillon.

Dans la communauté antillaise, les liens familiaux sont très étroits. La famille élargie constitue un regroupement de gens sur qui on peut compter en tout temps quand on en a besoin. Les Antillais aiment leurs enfants mais les traitent avec fermeté. En retour, les enfants doivent faire preuve de respect envers les adultes, et ils acceptent les traditions du groupe auquel ils appartiennent. Beaucoup d'Antillais sont d'avis que les problèmes familiaux doivent être résolus en privé, car une intervention de l'extérieur causerait de l'embarras.

Source
Travail et immigration, Manitoba
www.immigreraumanitoba.com
Tel : 204-945-3744
Fax: 204-945-4796
Email: mgi@gov.mb.ca

Répondez aux questions ci-dessous

1. Comment le concept de la famille antillaise est-il caractérisé ?
2. Qu'entendez-vous par " réseau au tissu social très serré " ?
3. Quels sont les deux éléments qui ont marqué les institutions antillaises ?
4. Le mariage est-il resté uniquement une institution religieuse ?
5. Qu'est-ce qu'une famille monoparentale ?
6. Qui se trouve à la tête de la famille monoparentale ?
7. Y a-t-il davantage de femmes mariées parmi celles nées aux Antilles ou celles nées au Canada ?
8. Les femmes mariées d'origine antillaise sont-elles plus nombreuses que les hommes ?
9. D'arprès des données statistiques, que note-t-on chez les Antillais ?
10. La famille nucléaire est-elle très répandue ?
11. Quelle structure familiale les Antillais tendent-ils à privilégier ?
12. Décrivez la relation parents-enfants dans la famille antillaise.
13. A votre avis, pourquoi une intervention de l'extérieur causerait-elle de l'embarras ?

Expression orale

Faites les trois activités ci-après : la description, l'interview et la discussion.

Unit 6: La famille antillaise

Description

En utilisant les données ci-dessus, donnez une description orale de la famille antillaise telle quelle est perçue au Manitoba.

> famille monoparentale - chef de famille - famille élargie - relations familiales - respect des traditions

Interview

Vous faites une enquête pour une revue guadeloupéenne sur la structure familiale guyanienne. Vous interviewez votre partenaire sur sa famille.

> struture familiale - nombre et âges des frères et soeurs - éducation familiale, sociale et religieuse - relations entre époux - devoirs et responsabilités au sein de la famille

Discussion

Donnez votre opinion sur le mariage. Que pensez-vous des déclarations suivantes :

- le mariage est la plus grande preuve d'un amour profond entre deux personnes
- une société sans respect de l'institution du mariage est une société dénuée de valeurs morales
- le mariage est un sacrement religieux inaliénable
- le mariage assure la fidélité entre époux.

Pensez-vous que le mariage soit une institution périmée ou un fait socioculturel permanent ?

Que pensez-vous des options suivantes ?

- l'union libre
- l'homosexualité
- la vie en communauté
- vivre en célibataire.

Philosophons... l'art subtil de la citation

Les vues sur le mariage sont des plus diverses.
Voilà ce qu'en ont dit certains auteurs :

> *Dans tous les cas, mariez-vous. Si vous tombez sur une bonne épouse, vous serez heureux; et si vous tombez sur une mauvaise, vous deviendrez philosophe, ce qui est excellent pour l'homme.*
>
> Socrate
>
> *Epouser une femme qu'on aime et qui vous aime, c'est parier avec elle à qui cessera le premier d'aimer.*
>
> A. Capus
Notes et pensées
>
> *Un bon mariage serait celui où l'on oublierait le jour qu'on est amant, la nuit qu'on est époux.*
>
> Jean Rostand
>
> *Il n'y a pas de mauvais mariage, il n'y a que de mauvais époux.*
>
> Rachilde

Description

Décrivez une cérémonie de mariage dans votre culture.

Partagez votre description avec un(e) autre étudiant(e) d'une autre culture ou religion.

Débat : Pour ou contre le mariage ?

Le mariage en tant qu'institution est remis en question par bon nombre de jeunes.

- Partagez la classe en deux groupes. Un groupe est pour le maintien du mariage en tant qu'institution faisant partie des structures sociales établies par la loi. L'autre groupe rejette le mariage comme n'étant qu'un vulgaire contrat entre deux personnes.
- Faites une liste d'arguments en faveur du mariage si vous appartenez au groupe 'pour' le mariage ou contre le mariage si vous appartenez au groupe 'contre' le mariage.
- Vos arguments doivent être convaincants et étayés par des exemples concrets.

UNIT 7

Texte de compréhension écrite

Le tourisme aux Antilles françaises

Aller aux Antilles, ou pas ?

" Nous sommes ici loin du tourisme de masse et "aseptisé" que proposent les hôteliers des îles hispaniques. Les amateurs de plages seront bien sûr servis. Mais il faut aussi aller découvrir les cascades en pleine forêt vierge... "

Le nom de sa société de voyages en dit déjà beaucoup. Tibo, c'est " petit baiser " dit en créole. Fabrice Vanheule est certainement le spécialiste des Antilles dans la région Nord - Pas-de-Calais. Contre vents et marées, il défend ces îles françaises d'outre-Atlantique.

- Départ annoncé avec fracas du groupe hôtelier Accor, grève générale en Guadeloupe : l'image des Antilles a pris un mauvais coup cette semaine...

" Attention à ne pas tomber dans la démesure. Quand Accor dit qu'il veut se retirer des Antilles, cela ne signifie pas que quinze hôtels vont disparaître d'un coup. Accor n'était pas propriétaire des murs. D'autres sont prêts sans problème à reprendre la gestion des établissements. Moi le premier. Sur l'aspect social, il ne faut pas oublier que Guadeloupe et Martinique sont des îles, des départements isolés : il en découle forcément des problèmes. Mais là encore, n'exagérons pas. "

- Des difficultés qu'on ne retrouve pas dans les îles hispaniques voisines ?

"Entre la France et la République dominicaine, on ne peut pas comparer le développement socio-économique, et les exigences qu'il engendre, par exemple au niveau salarial ou de couverture sociale."

- Est-ce là tout le problème ?

"Le tourisme antillais français est confronté à un double souci : le coût élevé du transport et surtout les énormes frais de fonctionnement des établissements. Le poids des charges salariales interdit toute concurrence avec les autres îles des Caraïbes. Transport, personnel et même construction et entretien des bâtiments, tout coûte plus cher. C'est au gouvernement de régler cela."

- Mais il ne pourra remédier à l'accueil peu amène dont se plaignent régulièrement les touristes...

"Si les vacanciers qui arrivent refont le coup des colons qui débarquent, c'est sûr que cela ne peut que mal se passer. L'esclavage n'a été aboli que depuis cent cinquante ans et les "blancs" contrôlent 95 % de l'économie locale. Il y a une sorte de ras-le-bol entretenu par quelques indépendantistes.

Une minorité qui sait faire du bruit. Les Guadeloupéens et les Martiniquais ont besoin d'être respectés. Le respect, c'est le meilleur moyen de rompre définitivement les liens de l'esclavagisme. Et alors tout se passe bien.

On parle aussi beaucoup de violence liée

à la drogue. On ne peut pas nier que certains quartiers de Pointe-à-Pitre ou que certaines plages soient "chauds".

Mais pas plus que sur la Côte d'Azur. En République dominicaine, Saint-Domingue est autrement plus affectée par le trafic de drogue."

- Le touriste peut donc continuer à aller aux Antilles françaises ?

"Il faut aller aux Antilles ! Les îles françaises sont les plus belles de toutes les Caraïbes. N'ayons pas peur des mots : c'est le paradis sur Terre. Nulle part ailleurs dans le coin, vous ne trouverez des paysages aussi riches et aussi changeants, avec également une grande richesse culturelle. Les amateurs de plages seront bien sûr servis. Mais il faut aussi aller découvrir les cascades en pleine forêt vierge...

Nous sommes ici loin du tourisme de masse et "aseptisé" que proposent les hôteliers serviles des îles hispaniques. Les vacances que proposent les Antilles françaises sont destinées à ceux qui n'entendent pas passer dix jours à faire l'aller et retour entre la piscine de l'hôtel et la plage.

Les Antilles françaises n'ont peut-être pas su s'adapter aux touristes sédentaires allemands voire américains, qui effectivement ont besoin de grands complexes hôteliers de luxe, mais elles restent une destination privilégiée pour le Français qui aime les découvertes."

La fréquentation touristique des Antilles françaises est en baisse. Son image s'est encore dégradée cette semaine avec l'annonce du retrait de l'hôtelier Accor. Les touristes se plaignent du mauvais accueil, des grèves, de l'insécurité, et de l'état des hôtels. Cuba et la République dominicaine, proches, sont en vogue.

Les îles françaises des Antilles offrent pourtant les paysages les plus riches des Caraïbes.

*Par Frédéric Folliot,
Jean-Charles Gatineau
et Joëlle Jacques*

Source:
LA VOIX DU NORD© 2002
- réalisation TELMEDIA©
Vendredi 15 novembre 2002

Répondez aux questions ci-dessous

1. Le tourisme dans les îles des Antilles françaises est-il aussi développé que dans les îles hispaniques ?
2. D'après vous, pourquoi l'agence de voyages a-t-elle choisi de s'appeler 'Tibo' ?
3. Quelle expression indique que Fabrice Vanheule est déterminé à soutenir le tourisme aux Antilles françaises ?
4. Quel groupe hôtelier veut se retirer des Antilles ?
5. Combien d'hôtels seront affectés ?
6. Tous les hôtels risquent-ils de fermer ? Pourquoi ?
7. A votre avis, pour quelles raisons le groupe Accor veut-il se retirer ?
8. Quel statut ont la Martinique et la Guadeloupe ?
9. Quel pays fait concurrence aux Antilles françaises ?

10. Quelles en sont les raisons ?
11. Quels sont les problèmes inhérents au tourisme des Antilles françaises ?
12. D'après Fabrice Vanheule, qui devrait adresser ce problème ?
13. Expliquez l'expression familière "si les vacanciers... refont le coup des colons".
14. Que s'est-il passé il y a cent cinquante ans ?
15. Les autochtones contrôlent-ils les ressources locales ?
16. Que veut dire l'expression 'ras-le-bol' ?
17. Quelle est une des causes de la violence à la Guadeloupe ?
18. Qu'entend-on par 'quartiers chauds' ?
19. Quelle autre ville souffre de la violence liée au trafic de drogue ?
20. Que veut dire Fabrice Vanheule quand il dit que les Antilles, 'c'est le paradis sur terre' ?
21. A qui s'adresse le tourisme aux Antilles françaises ?
22. En quoi diffère le tourisme dans les îles hispaniques ?
23. Que recherchent les touristes allemands et américains ?
24. Donnez les raisons pour lesquelles on note une baisse de la fréquentation touristique aux Antilles françaises ?

Expression orale

Faites les deux activités ci-après.

Interview

Imaginez que vous êtes Fabrice Vanheule. Un journaliste vous interviewe sur le tourisme aux Antilles françaises. Répondez aux questions du journaliste.

Lors de l'interview, décrivez les attraits touristiques des îles caribéennes francophones et expliquez quels en sont les problèmes, notamment sociaux, économiques et identitaires.

Discussion

Que pensez-vous des problèmes auxquels fait allusion Fabrice Vanheule ?

Y a-t-il des problèmes semblables au Guyana ? Lesquels ?

Y voyez-vous des différences ? Lesquelles ?

UNIT 8

Texte de compréhension écrite

Voyage dans la Caraïbe anglophone

Noël au Guyana

> *Vocabulaire*
>
> - les réjouissances (fem. plu.): festivities
> - l'artère (fem.): main road, thoroughfare
> - un pilotis: on piles
> - un accoutrement: rig out
> - la sueur: sweat
> - faire bombance: to revel
> - de souche: of stock
> - un brin d'humour: a touch of humour
> - l'arrière-pays (mas.): hinterland
> - pile ou face: heads or tails
> - la fournaise: furnace, oven
> - être tiraillé entre: to be torn between
> - vaillant: brave, courageous

Texte 1

C'est la saison des réjouissances, et le Guyana célèbre la Noël avec enthousiasme. Les magasins et les résidences s'ornent de lumières brillantes et multicolores, comme cela se fait au Canada, et la rue Sheriff -- l'artère des clubs à Georgetown -- se donne rapidement des airs de Las Vegas. Cannes en bonbon, guirlandes et glaçons décorent les balcons des maisons sur pilotis. Il y a aussi abondance de rennes et de pères Noël décoratifs... ces derniers semblant particulièrement hors contexte avec leur accoutrement hivernal, vu la chaleur tropicale et l'absence de neige. La simple vue du manteau de fourrure rouge de ce gros bonhomme me donne des sueurs.

Unit 8: Voyage dans la Caraïbe anglophone

Même si guère plus de la moitié des Guyaniens sont chrétiens (environ le tiers sont hindous et peut-être 10 % sont musulmans), presque tous célèbrent la Noël, ne serait-ce que comme réunion de famille annuelle. Au Guyana, la fête de Noël est moins matérialiste qu'en Amérique du Nord -- l'accent est mis sur les personnes, et non sur les choses. Entre la veille et le lendemain de Noël, les gens vont à l'église, font bombance avec leurs parents et leurs amis, prennent ensemble quelques verres de rhum ou de vodka, mangent du gâteau noir et se racontent les dernières nouvelles avant que l'année ne s'achève. Chez les Amérindiens du nord du Rupununi, certains se rendent dans d'autres communautés. Dans de nombreux villages, les habitants ont coutume de se livrer à des jeux et à des sports collectifs, et aussi de céder à la tentation d'un alcool à base de manioc, appelé parakari.

Le respect mutuel que les divers groupes ethniques et religieux se portent à l'occasion de Noël se manifeste aussi lors des fêtes hindoues et musulmanes célébrées à d'autres moments de l'année. Là encore tous participent. Je trouve cela inspirant et même

Les chutes de Kaieteur

Dragage à la recherche d'or et de diamants

surprenant, vu les tensions raciales qui existent, surtout entre les deux groupes dominants AU Guyana, c'est-à-dire les Indo-Guyaniens et les Afro-Guyaniens, et le fait que les affiliations religieuses tendent à suivre les lignes raciales. En effet, les Afro-Guyaniens, les Portugais, les Chinois et les Amérindiens sont généralement chrétiens, tandis que les Guyaniens de souche indienne -- ils constituent tout juste un peu plus de la moitié de la population -- sont majoritairement hindous, encore que la minorité musulmane y soit importante.

En général, les Guyaniens me semblent être très religieux, mais je constate aussi chez eux une certaine " modération " sur le plan spirituel. Et quelle que soit la raison de cette tolérance, leur façon toute simple d'aborder la vie se traduit par une absence virtuelle de tabous sociaux (hormis certaines interdictions liées aux produits alimentaires et à l'alcool chez les musulmans et les hindous), ce qui rend l'adaptation de l'étranger beaucoup plus facile que ce ne pourrait être le cas ailleurs. Dans l'ensemble, je trouve que les Guyaniens sont difficiles à offenser, et qu'ils ont le rire prompt -- cela est particulièrement vrai des Amérindiens du Nord du Rupununi. Chez ces derniers, il suffit d'un brin d'humour pour briser la glace, nouer des amitiés et même faire démarrer des projets comme le mien.

par Xavier Cattarinich (28 ans)
En stage financé par l'ACDI au Guyana
23-27 décembre 2002

Questions de compréhension 1

1. Quelle est la saison des réjouissances au Guyana ?
2. A quelle ville ressemble Georgetown à Noël ?
3. Sur quoi sont bâties les maisons de Georgetown ?
4. Qui est le gros bonhomme auquel fait référence l'auteur ?
5. De quelle religion sont les Guyaniens ?
6. En quoi Noël au Guyana diffère-t-il de Noël en Amérique du Nord ?
7. Quel alcool est très prisé par les Amérindiens ?
8. Qu'est-ce qui a beaucoup surpris le jeune Canadien lors des fêtes religieuses ?
9. Que faut-il pour établir de bons rapports avec les Amérindiens ?

Texte 2

Devant l'amabilité des Guyaniens, j'aurais fort bien pu rester à Georgetown pour y vivre un Noël typiquement local... mais je ne l'ai pas fait. Le travail ardu mais valorisant que j'avais fait dans le Rupununi entre le 7 et le 18 décembre, les longues heures de préparation passées au bureau dans les semaines précédant ce voyage dans l'arrière-pays, mon retour à Georgetown quelques jours avant le début des

Unit 8: Voyage dans la Caraïbe anglophone

Le "Sea wall" à Georgetown

fêtes, tout cela ajouté à la chaleur tropicale et à l'absence de neige ont fait en sorte que je n'ai vraiment jamais été dans l'esprit de Noël. Je me suis rapidement trouvé devant un dilemme shakespearien : rester ou ne pas rester à Georgetown pour Noël, telle était la question. Pile, je restais et célébrais un Noël typiquement guyanien, et face je quittais la ville et me joignais à un groupe d'expatriés canadiens, tout aussi éloignés de leur famille que moi, pour une excursion de cinq jours dans la fournaise de la jungle guyanienne jusqu'aux chutes de Kaieteur, les plus hautes au monde. J'étais tiraillé entre mon amour de la culture et mon goût de l'aventure, dans un cas comme dans l'autre une chance qui n'allait peut-être jamais se représenter. J'ai tiré à pile ou face, et c'est l'aventure qui l'a emporté. J'allais donc passer la Noël une machette à la main, en pleine jungle et sans regret. Évidemment, je n'ai jamais eu le sentiment que c'était Noël, malgré les vaillants efforts de mes guides et de mes compagnons, mais je me souviendrai tout de même de l'avoir vécu en compagnie de bons amis. Nous avons simulé un dîner de Noël canadien traditionnel dans le petit hôtel décrépi installé en haut des chutes. Au menu, du poulet frit (dans le rôle de la dinde), de la purée de pomme de terre froide, de la sauce aux canneberges, du vin rouge et du rhum...ce qui montre bien qu'il y a plus d'une façon de célébrer Noël au Guyana!

par Xavier Cattarinich (28 ans)
En stage financé par l'ACDI au Guyana
23-27 décembre 2002

Questions de compréhension 2

10. Le jeune Canadien a-t-il décidé de passer Noël à Georgetown ?
11. Qu'est-ce qui l'empêchait d'être dans l'esprit de Noël ?
12. Pourquoi parle-t-il de dilemme shakespearien ?
13. Comment a-t-il finalement pris sa décision ?
14. Entre quoi et quoi était-il tiraillé ?
15. En quoi passer les fêtes de Noël à Georgetown cela représentait-il la culture pour l'auteur ?
16. Où se trouvait l'hôtel et comment était-il ?
17. Qu'ont-ils mangé pour le repas de Noël ?

Expression orale

Imaginez que vous êtes le jeune Canadien, Xavier Cattarinich. Vous êtes de retour au Canada. Vous racontez votre expérience au Guyana à vos parents et amis.

Parlez de :

- la ville de Georgetown à Noël
- la diversité ethnique et religieuse
- votre goût pour l'aventure et votre goût pour la culture
- votre décision de partir dans le sud pour Noël
- votre repas de Noël
- l'expérience vécue.

Connaître l'espace caribéen : Questions de culture générale

Faites des recherches sur le Guyana et répondez aux questions ci-dessous :

1. Quels sont les groupes ethniques principaux du Guyana ?
2. Comment s'appelle la capitale du Guyana ?
3. Où se trouve le Guyana ?
4. Quelle est la langue officielle ?

UNIT 8: VOYAGE DANS LA CARAÏBE ANGLOPHONE   37

5. De quel pays le Guyana a-t-il obtenu son indépendance ? En quelle année ?
6. Quel changement politique a eu lieu en 1970 ?
7. Quel est le nombre approximatif d'habitants au Guyana ?
8. Quelles sont les ressources principales du pays ?

Faites des recherches sur un autre état caribéen. Ensuite un(e) étudiant(e) de votre classe vos posera les mêmes questions de culture générale données ci-dessus auxquelles vous répondrez.

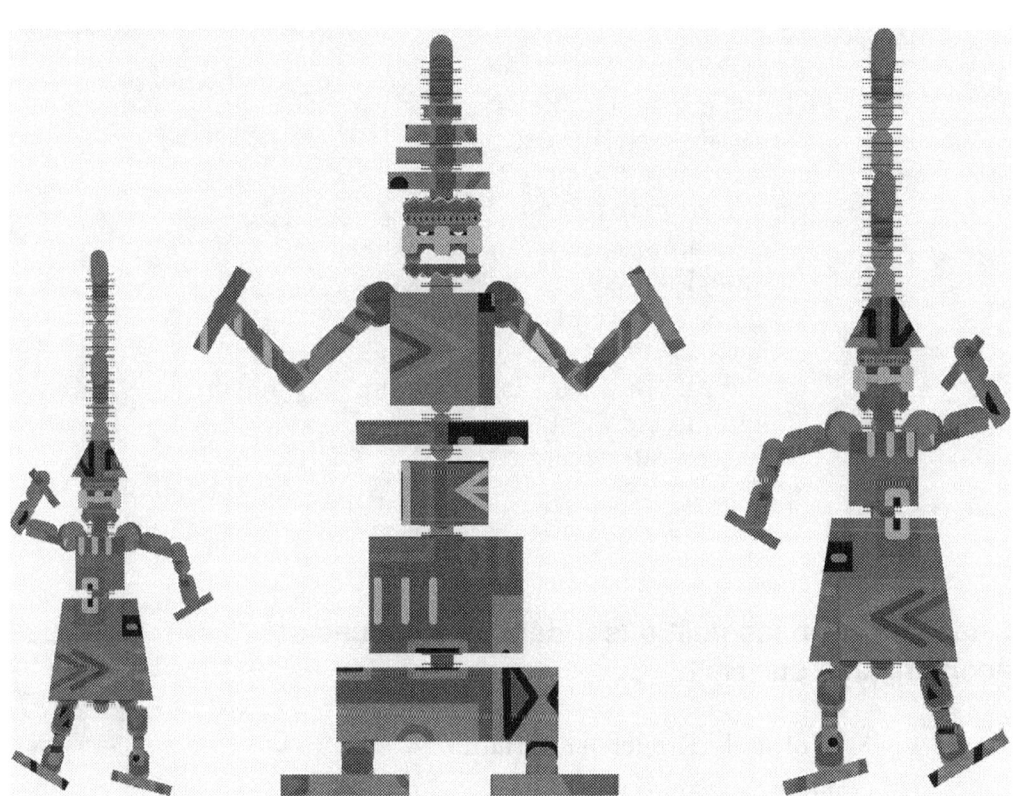

UNIT 9

TEXTE DE COMPRÉHENSION ÉCRITE

La coopération canadienne aux Antilles

Projet de l'ACDI en Haïti

Source:
Agence canadienne de développement international (ACDI)
200, promenade du Portage
Hull (Québec) K1A 0G4
Tél. : (819) 997-5006
Courriel : info@acdi-cida.gc.ca

Vocabulaire

- l'alphabétisation: literacy
- la misère: poverty, destitution
- sévir: to be rampant
- aggraver: to make things worse
- mettre sur pied: to set up
- de grande envergure: large-scale
- la mise en oeuvre: implementation
- acheminer: to dispatch
- par le biais de / par l'intermédiaire de: through
- figurer: to represent
- un versement: payment
- PNUD: UNDP

Quelques données politiques, démographiques et économiques sur Haïti

- Nom officiel : République d'Haïti
- Capitale : Port-au-Prince
- Population : 8,2 millions d'hab. (2000)
- Gouvernement : république présidentielle
- Président : Jean-Bertrand Aristide

- Dernières élections nationales : novembre 2000
- Espérance de vie : pop. totale : 54 ans; femmes : 56 ans; hommes : 51 ans (1999)
- Taux d'alphabétisation (adultes) : pop. totale : 46 %; femmes : 43 %; hommes : 48 % (1997)
- PIB par habitant ($US) : 380 (1998)
- Croissance réelle du PIB : 2,7 % (1998)
- Devise: gourde
- Indice du développement humain : 150e sur 174 (2000)
- Recettes touristiques en millions de $US : 68,0 (1998)

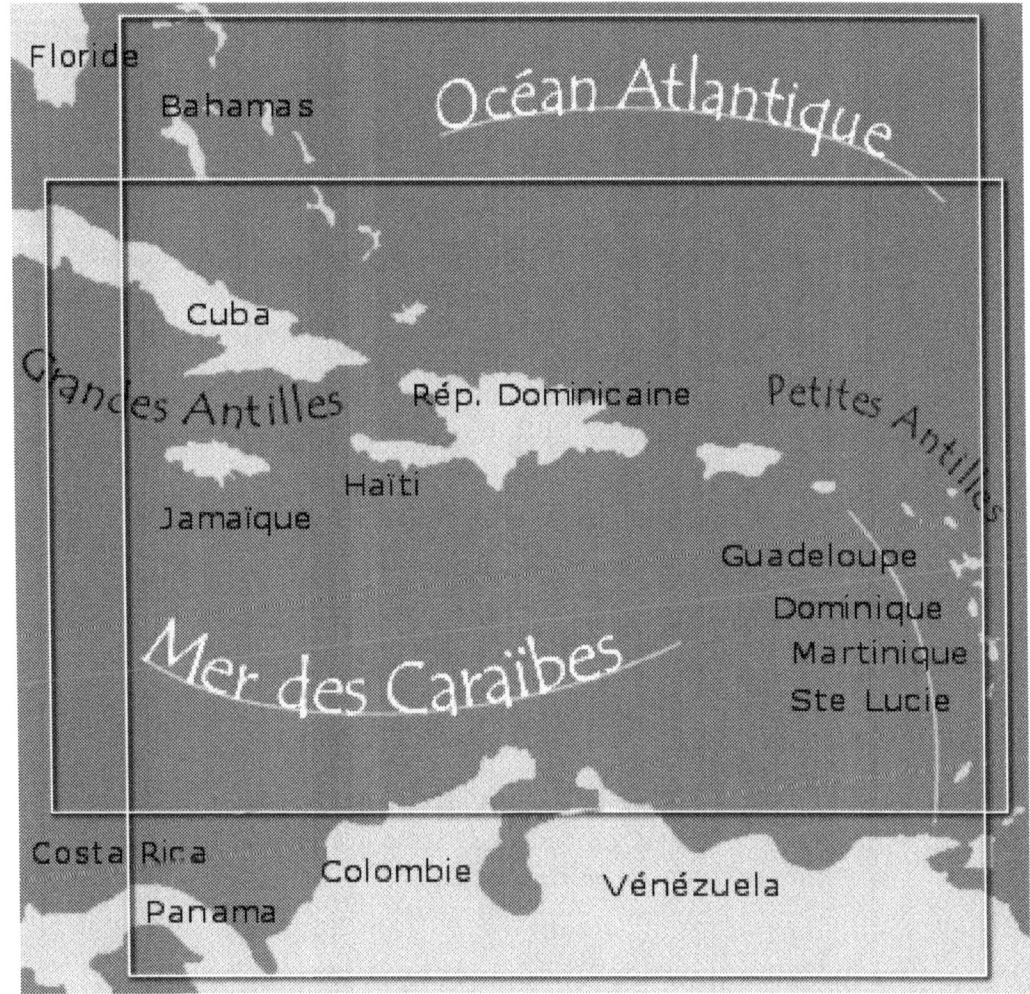

Principales exportations en millions de $US (1997)

produits d'industrie légère 159,4

matières premières 17,2

café 13,0

huiles essentielles 2,9

Principales importations en millions de $US (1997)

produits alimentaires 200,4

biens manufacturés 154,4

combustibles et lubrifiants 74,9

Sources :
EIU, Country Report, avril 2000;
PNUD, Rapport mondial sur le développement humain 2000;
Economist Intelligence Unit (EIU), Country Profile 1999-2000;
FNUAP, Rapport de 1999 sur l'état de la population mondiale;
EUROMONITOR, International Marketing Data and Statistics 2000.

Connaître l'espace caribéen

En vous aidant des données démographiques, politiques et économiques qui précèdent le texte, répondez aux questions ci-dessous.

1. Comment s'appelle la capitale d'Haïti ?
2. En l'an 2000, à combien estimait-on la population haïtienne ?
3. Quelle est la longévité moyenne des Haïtiens d'après les données relevées en 1999 ?
4. Comment s'appelle la monnaie de Haïti ?
5. Quelles sont les principales exportations ?
6. Sur quelles importations portent les plus grosses dépenses ?

Activité: Découvrir Haïti

Imaginez que vous rencontrez un(e) Haïtien(ne). Posez-lui des questions sur son pays. Il / elle vous répondra en s'aidant des données démographiques, politiques et économiques ci-dessus.

Unit 9: La coopération canadienne aux Antilles

Texte de compréhension écrite

Le programme d'aide au développement en Haïti

En 2000, la République d'Haïti, qui est la nation la plus pauvre de l'hémisphère, s'est classée 150ième sur 174 pays, selon l'Indice du développement humain du Programme des Nations Unies pour le développement (PNUD). La grande majorité des Haïtiens vivent dans la misère et, à cause des inégalités qui sévissent depuis toujours dans leur pays, ils n'ont accès ni aux soins de santé essentiels ni aux services d'éducation de base.

L'instabilité politique actuelle aggrave les problèmes sérieux qui entravent le développement économique et social. Cette instabilité constitue un obstacle de taille pour les donneurs d'aide bilatérale et multilatérale, qui ont été dans l'impossibilité ou n'ont pas voulu mettre sur pied les programmes de grande envergure nécessaires pour répondre aux besoins immenses du pays. La faiblesse des institutions clés, imputable à l'instabilité politique, a ralenti la mise en oeuvre de certains programmes, notamment ceux des institutions financières internationales.

L'ACDI surveille de près la situation en Haïti afin d'évaluer si le gouvernement tient ses engagements à l'égard de la mise en oeuvre de politiques et de programmes énergiques visant à améliorer le respect des droits de la personne, la saine gestion publique ainsi qu'à réduire la pauvreté et à promouvoir l'équité.

Depuis le lancement du programme en 1968, le Canada a accordé à Haïti une aide au développement totalisant environ 536 millions de dollars. Sur ce total, 337 millions ont été acheminés par le biais des projets bilatéraux de l'ACDI, 122 millions par l'intermédiaire des programmes de partenariat et 76 millions par la voie des initiatives multilatérales. Le programme d'aide en Haïti, qui figure parmi les principaux programmes de l'ACDI, est le premier en importance dans les Amériques. Les versements en provenance de toutes les sources de l'ACDI ont totalisé 43 millions de dollars en 1999-2000.

Questions de compréhension

1. Qu'a révélé l'Indice du développement humain du PNUD ?
2. Quelle est une des causes majeures de la pauvreté ?
3. Qu'est-ce qui indiquent les inégalités sociales ?
4. Qu'est-ce qui freine le développement économique du pays ?
5. Qui tient à s'assurer que des programmes pour lutter contre la pauvreté soient mis en oeuvre ?
6. Le programme d'aide au développement du Canada en Haïti est-il récent ?
7. Comment l'aide a-t-elle été acheminée ?

Interview

Vous faites une enquête sur les programmes de développement en Haïti. Vous interviewez un membre du personnel de l'ACDI sur leur programme d'aide.

Vous cherchez à savoir :
- l'ampleur du programme d'aide ;
- de quand date le programme d'aide ;
- quelle est la situation sociale et économique actuelle ;
- le genre d'actions menées par l'ACDI.

Compte-rendu

D'après les notes prises lors de l'interview avec un membre de l'ACDI vous faites un compte-rendu de la situation en Haïti pour le rédacteur en chef du journal pour lequel vous travaillez.

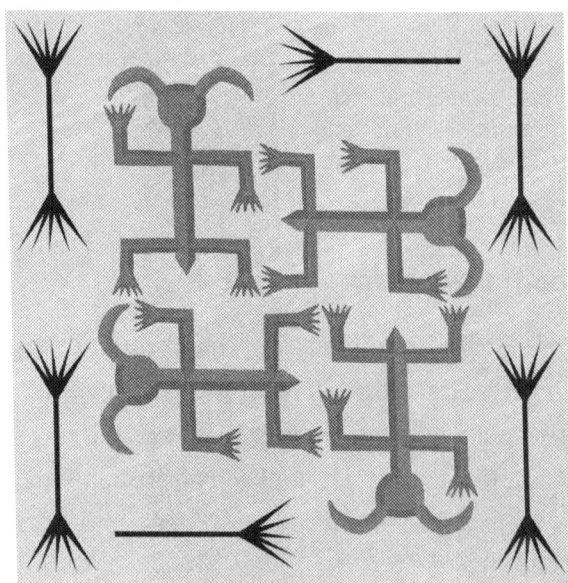

UNIT 10

Texte de compréhension écrite

La coopération canadienne aux Antilles

Projets d'assistance technique à Haïti

Le projet d'assistance technique dans le domaine de l'environnement aide les organisations haïtiennes à gérer l'environnement du pays. Ce projet de deux ans (1998-2000) doté de 400 000 dollars est géré par un coordonnateur local.

Le projet d'assistance technique à Électricité d'Haïti a permis à la société nationale d'électricité de répondre aux besoins en électricité dans la région de Jacmel, qui compte environ 35 000 habitants. Ce projet a fourni une assistance technique et de l'équipement, notamment des génératrices, afin d'aider la société à produire et à distribuer de l'électricité dans la région. En outre, il a offert une formation en vue de permettre l'entretien et la décentralisation de la gestion du réseau. Cette décentralisation a permis à la société de payer de manière efficace et au moment voulu les dépenses se rapportant entre autres à l'entretien du matériel et aux salaires. Grâce à ce projet, la région de Jacmel est la seule partie du territoire haïtien à être alimentée en courant vingt-quatre heures sur vingt-quatre. Le fait de bénéficier d'une source fiable d'électricité offerte à un prix abordable a incité 85 pour cent des consommateurs à payer leurs factures d'électricité, un taux exceptionnellement élevé pour un pays comme Haïti. Hydro-Québec International met en oeuvre ce projet de cinq ans (1997-2002) doté de 13 millions de dollars.

Source:
Projet de l'ACDI en Haïti, 25/10/2000
Agence canadienne de développement international (ACDI)
200, promenade du Portage
Hull (Québec) K1A 0G4
Tél. : (819) 997-5006
Courriel : info@acdi-cida.gc.ca

Questions de compréhension

1. A quoi vise le premier projet d'assistance technique ?
2. Quund ce projet a-t-il pris fin ?
3. Qui a bénéficié du projet d'assistance technique ?
4. Qu'est-ce qui indique que la décentralisation a permis une meilleure gestion de l'électricité en Haïti ?

5. Dans quelle région haïtienne l'electricité est-elle fournie 24 heures sur 24 ?
6. Pourquoi un plus grand nombre de consommateurs paient-ils leur facture d'electricité ?
7. Quelle a été la durée de ce projet d'assistance technique dans le domaine de l'electricité ?

Discussion

- Pensez-vous que les pays développés ont le devoir d'apporter une aide au développement des pays économiquement pauvres ?
- L'aide aux pays sous-developpés ne bénéficie pas toujours les plus indigents. Donnez votre avis.
- L'aide a permis une plus grande participation aux programmes d'éducation de base et aux soins basiques de santé. Donnez un exemple de programme dans la Caraïbe et expliquez dans quelle mesure vous estimez que ce programme a atteint les objectifs spécifiés dans le projet d'assistance.

Recherche

Identifiez les différents types d'aide apportée au Guyana.

Choisissez un projet d'aide et décrivez ses buts et objectifs.

Donnez votre opinion sur la valeur socioéconomique de ce projet pour les Guyaniens.

Présentez vos travaux de recherche à votre classe.

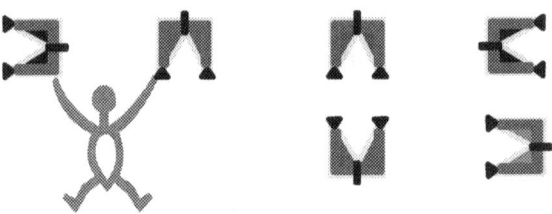

UNIT 11

TEXTE DE COMPRÉHENSION ÉCRITE

L'Europe et les Antilles 1

Une interview d'Edouard Glissant : 1ière partie

Le texte suivant est extrait de la transcription d'une interview d'Edouard Glissant réalisée par Andrea Schwieger Hiepko au mois de mai 1998 à Berlin. A l'occasion de sa conférence "Penser l'Europe de nouveau: Médias électroniques, oralité et identité", l'auteur parle des thèmes de la littérature antillaise, de sa conception de la langue créole, de la notion d'identité rhizome et de ses propositions pour l'avenir des cultures européennes.

Vocabulaire

- l'enfermement (mas.): confinement
- remonter: to date back
- la mise en scène: production, performance
- être voué(e) à: to be doomed to, to be destined to
- perturber: to disrupt

Texte de compréhension 1

A.S.H.: Quel rôle joue la langue dans ce contexte ? Qui est-ce qui va régler par exemple la situation politique et sociale en Martinique ? Prenons l'exemple de l'Ile de Dominique où à côté de la langue anglaise, il existe encore aujourd'hui deux langues créoles mais qui sont en train de disparaître ?

E.G.: Il y a tous les ans des langues qui disparaissent en Afrique. Ça s'est passé à la Jamaïque, à Trinidad. L'historien trinidadien James Millet me disait: "Quand j'étais petit si les parents voulaient parler sans que les enfants comprennent, ils parlaient en créole". Ça ne fait pas très longtemps de cela, une quarantaine d'années à peu près. Les langues sont mortelles. Et si le créole est amené à être une langue exotique, folklorique et de complaisance, c'est sûr qu'elle va disparaître aussi. Il faut lutter contre la disparition des langues parce que chaque langue qui meurt c'est une partie de l'imaginaire du monde qui disparaît. Mais ce qui est important c'est qu'il ne faut pas parler sa langue d'une manière monolingue. Il ne faut pas parler dans l'enfermement et l'exclusion de l'autre. Même si on ne connaît aucune langue du monde, il faut que la pratique de sa propre langue soit liée aux autres. C'est ça qui me paraît important dans le cas de la Guadeloupe et de la Martinique. Si le créole est sauvé, tant mieux. Mais il faut tout faire pour qu'il se sauve. Au temps que j'écrivais *Le discours antillais*, le créole commençait à se patoiser, à devenir un patois français. Maintenant il semble que ce mouvement ne soit plus irréversible. Il y a des gens qui travaillent à ça.

Source:
Mots Pluriels, no 8. October 1998.
http://www.arts.uwa.edu.au/MotsPluriels/MP898ash.html
© Andrea Schwieger Hiepko

Questions de compréhension 1

1. Quel phénomène linguistique peut-on noter à la Dominique ?
2. Dans quels autres pays caribéens ce phénomène a-t-il eu lieu ?
3. D'après James Millet, les enfants sont-ils de nos jours diglossiques ?
4. Qu'est-ce qui risque de faire disparaître le créole ?
5. Pourquoi est-il nécessaire de combattre la disparition des langues ?
6. Pourquoi Edouard Glissant dit-il que que "le créole commençait à se patoiser"?

Texte de compréhension 2

A.S.H.: Comment pensez-vous défendre une langue qui est vouée à la disparition, à l'oubli?

E.G.: Ce que je voulais dire, c'est que je ne défendrais pas la langue créole d'une manière monolingue. Je ne le pourrais pas, même si c'est la langue de mon enfance, ma langue maternelle. Il y a trop de gens dans le monde à l'heure actuelle qui, par force, par nécessité ou par goût ont changé de langue pour que nous puissions nous maintenir sur la position: "C'est ma langue ou ça ne sera rien du tout". Ma position est assez nuancée sur cette question. Je défends la langue créole, je l'illustre parfois dans mes textes, je donne des exemples, des illustrations. Mais je refuse de la défendre de manière excluante. Ceci sans compter les traductions qui sont aussi bien des créations que le texte de base.

A.S.H.: Comment vous différenciez-vous de vos compatriotes Patrick Chamoiseau et Raphaël Confiant, deux écrivains martiniquais, qui défendent eux aussi la langue créole? Dans quel sens votre concept de Créolisation est-il distinct de celui de "Créolité"?

E.G.: La différence remonte loin. Quand j'ai proposé le concept de Créolisation, Chamoiseau et Confiant l'ont pris pour développer le concept de Créolité mais je suis absolument opposé à cette notion de Créolité. La Créolisation, c'est un processus permanent qui convient à la mouvance permanente du chaos-monde. La Créolité, c'est arrêter le mouvement à un endroit et à un moment donné, et définir ce qui se passe là.

Je pense que cette tentative risque de perturber le moment et de nous faire revenir aux anciennes essences d'identité. Je suis donc tout à fait contre cela. D'autre part, au sujet de la langue, il y a la question de l'utilisation du français. Deux attitudes sont possibles. Celle qui consiste à innerver la langue française avec ce que j'appelle l'économie de l'oralité, c'est-à-dire à la créoliser. Je crois qu'un poète comme Saint-John Perse le fait constamment. Je fais ça tout le temps aussi, non pas en la cachant mais en la mettant tellement dans le texte que cela ne paraît pas comme une créolisation. C'est ce qu'a fait Saint-John Perse et c'est ce que je fais.

Mais il y a aussi celle qui consiste à proclamer ce qu'on va faire avec toutes les tactiques de style et de ravage. C'est ce que font Chamoiseau et Confiant, et là je ne suis pas d'accord. Il y a ces deux manières de faire; une manière implicite et une manière manifeste. Et moi je pense que la poétique passe par l'implicite et non pas par le manifeste. Ce que je reprocherais, si j'avais à le faire, c'est le caractère volontariste et la mise en scène de cette créolisation du langage, de caractère complètement hypertrophié et parfois schizophrénique. Je ne crois pas que cela va résister au temps qui passe. Ce sont des manifestes qui sont périssables comme tous les manifestes. Ce qui se passe dans les textes de St.-John Perse, par exemple, est beaucoup plus profond et durable, et il n'aurait jamais dit qu'il était un poète créole.

Source:
Mots Pluriels
no 8. October 1998.
http://www.arts.uwa.edu.au/MotsPluriels/MP898ash.html
© Andrea Schwieger Hiepko

Questions de compréhension 2

7. Edouard Glissant suggère-t-il que le créole doit-être la seule langue de son pays ?
8. Comment Glissant distingue-t-il le concept de créolisation de celui de créolité ?
9. Quelles sont les attitudes possibles vis-à-vis de la relation entre les langues créole et française ?
10. Comment ces attitudes se traduisent-elles ?
11. Quels écrivains utilisent une manière manifeste d'écrire ?

Donnez un sous-titre

Ce texte intitulé 'L'Europe et les Antilles' est en deux parties. Ayant lu ces deux parties, donnez-leur un sous-titre en fonction du thème sur lequel se centre chacune de ces deux parties ?

Expliquez

En vous aidant du texte, comment pouvez-vous définir la "créolisation" et la "créolité" ?

Comparez

Faites les trois activités suivantes :

- Relisez le texte et relevez les caractéristiques du style de St. John Perse et de celui de Glissant.
- Faites une liste des caractéristiques du style de Chamoiseau et de celui de Confiant.
- Avec un(e) partenaire comparez le style de St. John Perse et Glissant à celui de Chamoiseau et Confiant.

Plaidoyer: Répondez aux critiques d'Edouard Glissant

Imaginez que vous êtes Chamoiseau ou Confiant. Défendez votre approche stylistique.

Interview

Vous êtes journaliste et vous interviewez Glissant et Chamoiseau.

En groupe de trois, imaginez l'interview.

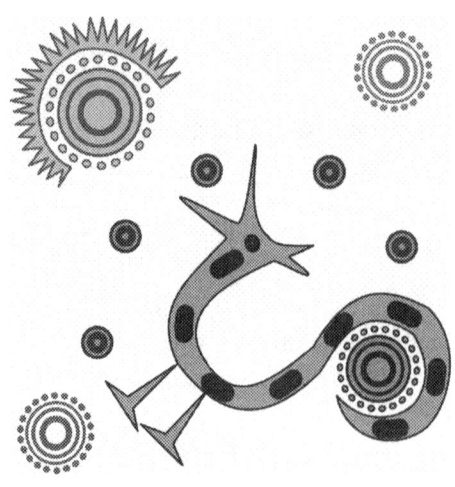

UNIT 12

Texte de compréhension écrite

L'Europe et les Antilles 2

Une interview d'Edouard Glissant : 2ième partie

Le texte suivant est extrait de la transcription d'une interview d'Edouard Glissant réalisée par Andrea Schwieger Hiepko au mois de mai 1998 à Berlin. A l'occasion de sa conférence "Penser l'Europe de nouveau: Médias électroniques, oralité et identité", l'auteur parle des thèmes de la littérature antillaise, de sa conception de la langue créole, de la notion d'identité rhizome et de ses propositions pour l'avenir des cultures européennes.

Vocabulaire

confondre: to mix up, to confuse
préalable: previous
l'errance: wandering, roaming
l'adhésion: membership, joining
le piège: trap
le colloque: colloquium, symposium
rendre caduc (-que): to render null and void
le préfet: chief administrator of a department
la filiation: relation

Texte de compréhension

A.S.H.: Vous vous battez cependant depuis des dizaines d'années pour l'autonomie et l'indépendance des Antilles françaises au niveau politique et culturel. Est-ce que vous pensez que le paternalisme de la Métropole empêche les relations intercaribéennes et la formation d'une certaine solidarité ? Voyez-vous une possibilité pour les Antilles de devenir autonomes, par exemple dans le contexte d'une américanisation ?

E.G.: Absolument. Il n'y a pas d'interdépendance sans dépendance préalable. Et ce n'est pas que je sois contre la France, bien au contraire, mais si on est assimilé à la France on est confondu avec

Eduard Glissant au premier plan (1984)

quelque chose qui n'est pas de notre réalité, de nos intentions, de nos consciences. Bâtir avec la France, converser avec la France, travailler avec la France c'est possible à partir du moment où on a le sentiment de sa propre indépendance. C'est pour ça que je suis un indépendantiste martiniquais depuis toujours. C'est parce qu'il faut tenir quelque chose dans la main et ouvrir la main plutôt que de la fermer sur la chose. Autrement dit, l'identité martiniquaise est une identité rhizome. L'identité caribéenne est une identité rhizome.

D'ailleurs si vous regardez l'histoire des cents dernières années: les Caribéens ont passé leur temps à aller ailleurs. Marcus Garvey aux Etats Unis, Jimi Hendrix, le voodoo chile, est passé par la Louisianne pour devenir une vedette, Frantz Fanon était le théoricien de la révolution algérienne. Il y a une tradition historique de créolisation qui fait que l'identité antillaise n'est pas exclusive de l'autre, au contraire, les caribéens depuis cent ans sont de plus en plus poussés vers une espèce d'errance qui les place à l'opposé de l'enfermement.

A.S.H.: Est-ce que vous pensez qu'une adhésion de la Martinique et de la Guadeloupe aux regroupements économiques et culturels caribéens offrirait la possibilité de former une unité? Mais cela ne signifierait-il pas tomber dans le piège d'une unité artificielle et forcée? Ne faut-il pas avoir peur de nouvelles hiérarchies et de nouvelles dépendances se développant cette fois-ci dans un seul hémisphère ?

E.G.: Je ne pense pas que dans des régions aussi faibles que les îles et régions caribéennes il y en ait une ou quelques unes qui puissent imposer leur volonté aux autres. Je vous donne un exemple: J'ai fait une conférence à Lamentin, la ville où j'ai grandi à la Martinique, il y a six mois de cela, dans le cadre d'un colloque préparé par la mairie. Il y avait les présidents des états de la Caraïbe, le Ministre du transport de Trinidad, le Ministre de la culture de la Jamaïque alors que c'était un colloque organisé par une simple mairie, même pas par le préfet de la Martinique. Ce qui prouve bien qu'on assiste à un mouvement qui est inarrêtable. Ça rend même caduque la question du statut avec la France car, même avec le statut d'assimilation, ça se passe ces rencontres, ces mélanges. Le fait que le maire de Lamentin passe des contrats avec des ministres de la Caraïbe, alors qu'il n'a pas d'autorité étatique, montre qu'on a affaire à un mouvement qui est irréversible. La solidarité de la Caraïbe, elle existe depuis longtemps. En 1793 quand Toussaint Louverture a commencé la révolution haïtienne, les esclaves de la Martinique abattaient des cocotiers et partaient sur la mer. Ils sont tous morts dans l'espoir de joindre le pays de Toussaint Louverture. Ils ne savaient pas exactement comment c'était mais ils savaient ce qui se passait. Et la solidarité des écrivains remonte aussi loin. Il y a 30 ans que je connais Derek Walcott, Wilson Harris et beaucoup d'autres. De nos jours, on a l'impression que la Guadeloupe et la Martinique entrent vraiment dans l'univers caribéen, autrement dit qu'elles accomplissent leur créolisation.

A.S.H.: Est-ce que les Antillais eux-mêmes, sont déjà prêts à dire au-revoir à leur protectrice, la France ?

E.G.: Les dernières élections le montrent clairement. Sur à peu près 82 mille voix exprimées - les Martiniquais ne votent pas en général - il y avait 40 mille indépendantistes. Le président du conseil régional, c'est à dire le chef de l'exécutif local, est le leader du plus grand parti indépendantiste à la Martinique. Avant, les indépendantistes avaient 400 voix. Autrement dit, on ne peut plus dire, les gens ne veulent pas de l'indépendance. Je pense aussi que la France ne pourra plus protéger longtemps la Martinique sur les marchés mondiaux. Avec les marchés qui s'ouvrent en Europe de l'est et du sud, en Grèce, au Portugal, en Turquie, et avec les problèmes internes qu'elle connaît, je ne crois pas que la France pourra continuer à maintenir les DOM. Si les Martiniquais ne sont pas prêts pour ce moment là, tant pis pour eux.

A.S.H.: Les histoires de la littérature sont souvent liées à une nation, à des continuités historiques ou à une époque littéraire. D'après vous, est-il possible aujourd'hui d'écrire une histoire des littératures caribéennes qui décrive des phénomènes littéraires allant au-delà des frontières ?

E.G. Absolument possible! Seulement il n'est pas valable de le faire chronologiquement. L'histoire de la littérature caribéenne est faite d'autant de non-dit que de dit. C'est une histoire obscure parce que les gens qui écrivaient étaient mus par des forces qu'ils ne contrôlaient pas, qu'ils ne maîtrisaient pas, d'où la tendance à se renier, à proposer toute une littérature pathétique qui peut être intéressante mais qui a donné aussi des choses apparemment

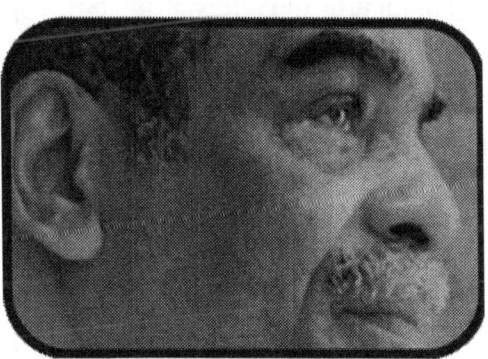

inacceptables et ridicules comme les romans de l'écrivaine martiniquaise Mayotte Capécia que Frantz Fanon a épinglés dans son livre *Peau noire, masques blancs*. Il y a des littératures d'assimilation qui sont manifestes, tranquilles, qui n'ont pas de regret. C'est intéressant de voir qu'il y a ce mouvement où l'être est en train de se refuser soi-même sans savoir qu'il se refuse.

A.S.H.: Vous vous référez à la littérature folklorique qu'on appelle doudouisme !

E.G.: Oui, il y a plein de romans de ce genre. Il faut en trouver les moteurs pour pouvoir faire une histoire de la littérature antillaise. Les dates n'ont aucune importance. Prendre des dates c'est une mécanique. Une histoire de la littérature antillaise ne peut pas passer par des mécaniques. Elle doit passer par des motivations, des états de la conscience ou des états d'identité. En tout cas en ce qui me concerne, j'ai longtemps pensé à ça. Je n'ai pas envie de l'écrire car j'écris des romans, des poèmes et des essais, mais je pense que c'est faisable et que ça serait même une très bonne chose.

A.S.H.: Est-ce que vous pensez avoir des successeurs sur le terrain de l'écriture antillaise d'une part et voyez-vous une succession dans la pensée de la créolisation du monde d'autre part? Sur différents terrains et dans différentes disciplines de la science, qui pourrait contre-signer votre phrase "Le monde se créolise" ?

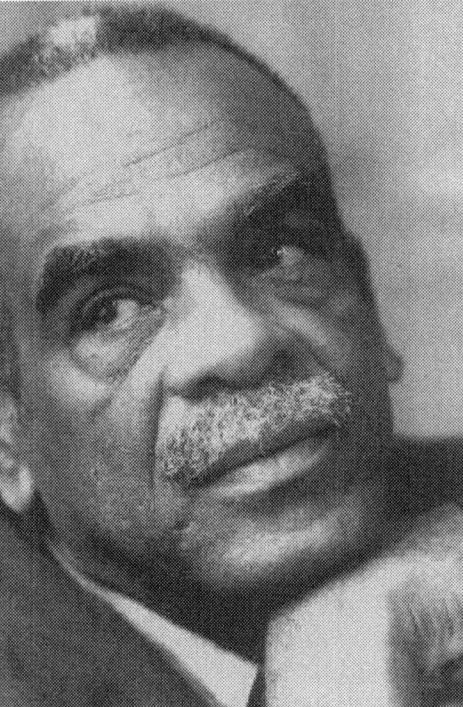
Edouard Glissant, Le Traité du Tout-Monde, 1993

E.G.: Nous ne pouvons plus parler de successeurs. Mais si les pensées se ressemblent ce n'est pas sur un terrain défini ou une question de géographie. Le Palestinien Eward W. Said est aussi proche de moi que Victor Segalen. Dans le contexte culturel, le monde s'est vraiment créolisé. Les filiations entre les pensées et les productions artistiques se sont déjà mondialisées au point qu'on ne peut plus parler de successeurs, ni dans le temps, ni dans l'espace.

A.S.H.: En marge de votre travail de professeur à la New York City University, de votre engagement comme Vice-Président du Parlement international des Ecrivains et de vos conférences dans le monde entier, trouvez-vous encore le temps d'écrire un nouveau roman?

E.G.: Je suis en train de penser à un nouveau roman. Je ne veux pas trop en parler mais ce sera l'histoire d'une communauté qui vit sur le continent africain, qui est invisible aux yeux des autres et qui veut rester invisible. Au lieu de rester sur sa propre terre, ce peuple voyage dans le tout-monde. Je n'en dirai pas plus. Mais chaque nuit quand je suis à New York avec mon fils qui a 9 ans, je lui raconte de nouveaux épisodes de ce peuple. La dernière fois, il m'a demandé: "Mais, s'il veulent absolument rester invisibles, pourquoi est-ce que tu écris sur eux ?"

Questions de compréhension

1. Que fait Edouard Glissant depuis des décennies ?
2. Pourquoi revendique-t-il l'indépendance de la Martinique ?
3. Depuis un siècle, qu'ont fait les Caribéens ?
4. Où est-ce que Glissant a passé son enfance ?
5. Glissant parle d'un "mouvement qui est irréversible" ? Quel est-il ?
6. Pour Glissant, que signifie la créolisation ?
7. Qu'est-ce qui indique la poussée indépendantiste ?
8. Quel genre de littérature Glissant considère-t-il comme "pathétique" ?
9. Qu'est-ce que le doudouisme ?
10. Glissant est-il un "doudouiste" ?
11. Glissant consacre-t-il tout son temps à écrire ? Pourquoi ?
12. Le soir, que raconte Edouard Glissant à son fils ?

Donnez un sous-titre

Vous avez lu la deuxième partie du texte intitulé 'L'Europe et les Antilles' qui fait suite à celui de l'unité 11.

Quel sous-titre pouvez-vous donner au texte ci-dessus en fonction du thème sur lequel il se centre ?

Dégagez le plan du texte

Relisez le texte et divisez-le en sous-parties pour en dégager sa structure.

Expression orale

Faites les deux activités orales décrites ci-dessous.

Interview

Refaites l'interview d'Edouard Glissant. L'interviewer, Andrea Schwieger Hiepko, reposera les mêmes questions à Edouard Glissant. Edouard Glissant répondra à Andrea Schwieger Hiepko sans s'aider du texte.

Résumé oral

A l'aide des éléments ci-après, faites un bref résumé des points principaux de l'interview.

> lutte pour l'indépendantisme - possibilité d'une unité caribéenne - évenements indicateurs de rapprochements caribéens - succession ou mondialisation dans les arts

Discussion

En groupe, discutez des thèmes suivants :
- le paternalisme français
- l'indépendantisme
- l'américanisation
- la mondialisation
- l'unité caribéenne.

UNIT 13

Texte de compréhension écrite

La politique en métropole

Une année décisive pour Jean-Pierre Raffarin

Vocabulaire

- l'incompréhension: lack of understanding
- l'arbitrage: arbitration
- aisé(e): well-off
- donner un coup de pouce: to give a boost
- relever: to raise, to increase (salaries)
- une redevance: license fee
- une prime: bonus
- prendre le contre-pied: to take the opposite course / view
- les partenaires sociaux: unions and management, management and labour
- une cotisation: subscription
- s'enrayer: to jam
- un allègement: reduction
- une cote: popularity
- un écueil: stumbling block
- les lignes directrices: guidelines
- boucler: to finish off (fam.)
- se garder de: to be careful not to
- une conjoncture: situation
- EDF: Electricité de France
- ISF: Impôt sur la Fortune

Une année décisive pour Jean-Pierre Raffarin: Texte

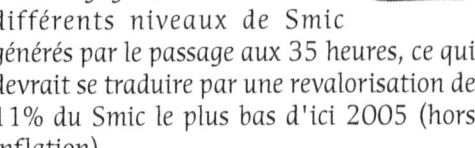

Après des débuts prudents, Jean-Pierre Raffarin va devoir prendre en 2003 une série de décisions difficiles sur des sujets aussi délicats que les retraites, qui constitueront son premier grand test politique avant les élections de 2004.

Depuis son arrivée à Matignon en mai 2002, le Premier ministre a joué avant tout l'équilibre, arbitrant tour à tour en faveur des plus défavorisés et des plus aisés, des salariés et des entreprises.

Il n'a certes pas donné de "coup de pouce" au Smic mais s'est engagé à harmoniser les différents niveaux de Smic générés par le passage aux 35 heures, ce qui devrait se traduire par une revalorisation de 11% du Smic le plus bas d'ici 2005 (hors inflation).

Il s'est refusé à relever les tarifs EDF ainsi que la redevance télé et a reconduit la prime de Noël pour les chômeurs, prenant sur

H.E. Mr. Jean-Pierre Raffarin, Prime Minister of the French Republic, addressing the First Plenary Meeting of WSIS in Geneva on 10 December 2003.

chacun de ces dossiers le contre-pied de ses ministres.

L'accord conclu par les partenaires sociaux pour combler le trou de l'assurance-chômage a toutefois un goût amer pour les chômeurs, qui vont voir leurs droits diminuer, comme pour les salariés et les entreprises dont les cotisations vont augmenter. Parallèlement, les baisses d'impôts - 5% en 2002 et 1% en 2003 - profitent avant tout aux revenus les plus élevés.

Les entreprises bénéficient d'allègements de charges et d'un assouplissement des 35 heures. Malgré des demandes pressantes, Jean-Pierre Raffarin a différé en revanche tout allègement de l'ISF en arguant des risques d'incompréhension dans l'opinion.

La "méthode Raffarin", faite d'écoute et de fermeté, selon ses propres termes, semble certes avoir porté ses fruits: le Premier ministre surfe sur une solide cote de popularité et a réussi à éviter ses premiers écueils sociaux, notamment le redouté conflit des routiers.

Ses subtils arbitrages sont pointés toutefois régulièrement du doigt, certains y voyant une absence de lignes directrices dans les choix politiques du gouvernement.

Pendant ses premiers mois à Matignon, Jean-Pierre Raffarin a mis l'accent sur la sécurité, relevant les budgets de l'Intérieur, de la Défense et de la Justice et engrangeant au passage la popularité de son suractif ministre de l'Intérieur Nicolas Sarkozy.

Les grands chantiers économiques et sociaux (retraites, santé, réforme de l'Etat) et les arbitrages budgétaires les plus délicats ont été repoussés à 2003.

Le Premier ministre s'est certes engagé à boucler la réforme du financement des retraites d'ici l'été 2003. Il s'est bien gardé de dévoiler ses intentions sur ce dossier qu'aucun de ses prédécesseurs n'a réussi à démêler.

Après un budget 2003 de "transition", marqué par le maintien de déficits publics élevés, Jean-Pierre Raffarin promet un exercice 2004 en ligne avec les "engagements européens", qui exigent de réduire les déficits, tout comme les "priorités" de son gouvernement.

Mais comment réduire les déficits sans toucher aux dépenses publiques alors que la

machine économique continue de s'enrayer? Avec une prévision de croissance (2,5% pour 2003) jugée trop optimiste et le risque d'une guerre en Irak? Devant toutes ces incertitudes, Jean-Pierre Raffarin a concédé qu'il avait "plusieurs scénarios" budgétaires dans ses cartons et qu'il s'adapterait "rapidement" si la conjoncture le justifie.

Pour faire le forcing, le Premier ministre compte sur son "capital de confiance" auprès des Français, comme il l'a expliqué à ses ministres avant Noël. Il sait aussi qu'il lui faut agir avant les élections régionales et européennes de 2004.

Source:
Agence France Presse (AFP)
mercredi 1er janvier 2003

Questions de compréhension

1. Qui est Jean-Pierre Raffarin ?
2. Comment s'est caractérisée la politique du Premier ministre depuis son arrivée à Matignon ?
3. Quelles sont les mesures prises par le Premier ministre qui n'avaient pas l'appui de ses ministres ?
4. Comment Jean-Pierre Raffarin compte-t-il combler le trou de l'assurance-chômage ?
5. Comment le Premier ministre décrit-il son approche ? Citez un exemple de sa réussite.
6. Que montre le relèvement des budgets de l'Intérieur, de la Défense et de la Justice ?
7. En quoi le budget 2003 est-il un budget de transition ?
8. Sera-t-il facile pour le Premier ministre de maintenir les dépenses publiques ? Comment pense-t-il procéder ?

Recherche de vocabulaire

Trouver un mot ou une expression dans le texte qui signifie :

1. Trancher, juger :

2. Augmenter un tarif :

3. Renouveler une prime :

4. Prendre une position contraire :

5. Remettre à plus tard :

6. Situation économique :

Unit 13: La politique en métropole

Résumez

En groupe de deux :

- Relevez les points principaux de la politique du Premier Ministre, Monsieur Raffarin.
- Expliquez avec vos propres mots ce que signifient ces mesures politiques.
- Donnez votre opinion sur la portée de ces mesures.

Interview

Vous êtes journaliste chargé d'interviewer le Premier Ministre sur ses projets politiques.

Faites une liste des questions que vous désirez lui poser. Le texte ci-dessus guidera votre choix de questions.

Avec un(e) partenaire imaginez l'interview.

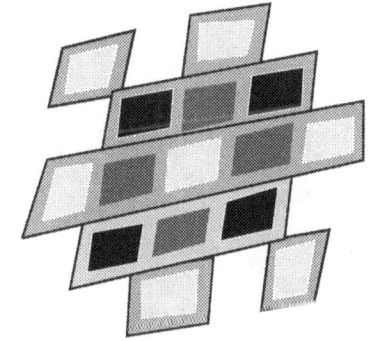

UNIT 14

Texte de compréhension écrite

Un déjeuner sur l'autoroute

Éliance
Restauration Commerciale

FICHE D'APPRÉCIATION

Merci de nous informer de vos suggestions ou critiques

	excellent	bon	moyen	mauvais
SATISFACTION GLOBALE	☐	☐	☐	☐
PRODUITS				
Qualité des produits	☐	☐	☐	☐
Choix	☐	☐	☐	☐
Rapport Qualité/Prix	☐	☐	☐	☐
SERVICE				
Accueil	☐	☐	☐	☐
Efficacité du service	☐	☐	☐	☐
Gentillesse du personnel	☐	☐	☐	☐
CADRE - ENVIRONNEMENT				
Ambiance	☐	☐	☐	☐
Propreté	☐	☐	☐	☐
Confort	☐	☐	☐	☐

REMARQUES : _____

_____

Motif de votre passage :
Professionnel ☐   Tourisme ☐   Travaille sur le site ☐
                                  ou à proximité

Heure de votre visite :
☐   ☐   ☐   ☐   ☐
6 à 11 h   11 à 15 h   15 à 19 h   19 à 23 h   23 à 6 h

Date : ___ / ___ / ___   semaine ☐   week-end ☐

Coordonnées (facultatif)
Nom : _____   Prénom : _____
Adresse : _____

|_|_|_|_|_| Ville : _____   Pays : _____

Éliance - 43, rue du Colonel Pierre Avia - 75508 Paris Cedex 15

Merci de déposer cette fiche dans l'URNE

Remplir une fiche d'appréciation

Lisez le passage ci-dessous puis remplissez la fiche d'appréciation Eliance en tenant compte des remarques faites par le client. Répondez ou cochez seulement 15 cases sur la fiche d'appréciation qui correspondent au texte.

C'est aujourd'hui, le samedi 24 mai 2003 et il est 3h30 de l'après-midi. Un collègue du bureau et moi finissons de déjeuner au restaurant de la chaîne Eliance qui se trouve sur l'autoroute A6. Ce que nous en pensons ? Et bien, nous avons trouvé que c'est un bon restaurant dans l'ensemble. Les produits sont d'excellente qualité et il faut avouer qu'il y a un très grand choix de plats, que ce soit au buffet ou à la carte. Quant à l'efficacité du service, en revanche, elle est moyenne et gagnerait à être améliorée. En effet, il nous a fallu attendre près de vingt minutes pour la côte de boeuf. Mais il faut reconnaître que les serveurs sont très aimables, courtois et polis. De plus, l'ambiance y est chaleureuse bien que le confort n'ait rien d'extraordinaire.

Mais, laissez-moi, tout d'abord, me présenter. Je suis Hubert Deschamps et j'habite près d'Arcachon dans le sud-ouest. Je reviens d'un voyage d'affaires à Paris.

Interview 1

Vous êtes le directeur du restaurant et vous interrogez M. Deschamps afin de connaître ses critères d'évaluation. Posez-lui des questions sur les aspects mentionnés sur la fiche à remplir. Efforcez-vous de découvrir les raisons de son évaluation.

Interview 2

Vous venez de dîner au restaurant de la chaîne Eliance avec un(e) ami(e). Vous décidez de remplir la fiche d'appréciation ensemble. En remplissant la fiche, vous discutez de la qualité de votre repas et du service.

- Qu'est-ce qui vous a plu ?
- Qu'est-ce qui laisse à désirer ?
- Y retournerez-vous ?
- Recommanderez-vous Eliance à vos amis ?

Discutez

En groupe de deux ou trois, faites une liste des caractéristiques de la restauration offerte par des chaînes. Une fois la liste dressée, évaluez chacune des caracteristiques.

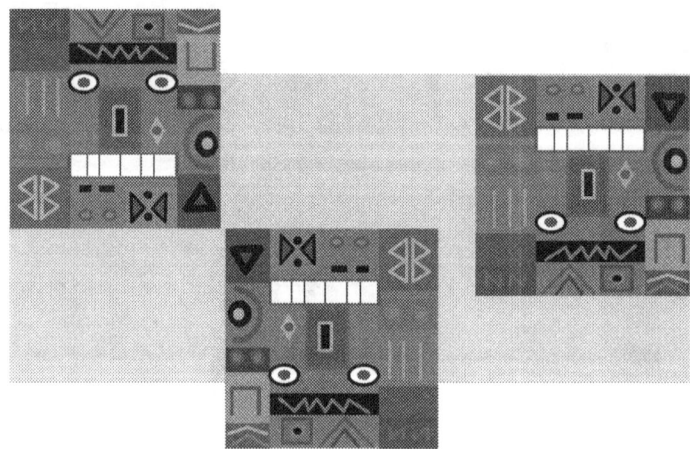

PART 2

LISTENING COMPREHENSIONS

Part 2: Listening Comprehension

A. Short listening items

Unit 15: A la recherche d'un emploi 1 : La lettre de motivation

Unit 16: A la recherche d'un emploi 2: Etre proactif

Unit 17: A la recherche d'un emploi 3: L'entretien

Unit 18: Emigrer ou non ?

B. Long listening passages

Unit 19: Visite aux Antilles: Trinité-et-Tobago, Haïti, Guyane

Unit 20: La nouvelle " Île-de-France antillaise "

Unit 21: La circonscription de Fort de France 1 est en ligne !

Unit 22: Les Antilles: Coup d'oeil sur le passé

Unit 23: Radio Haïti cesse d'émettre pour raisons de sécurité

PART 2A

SHORT LISTENING COMPREHENSIONS

UNIT 15

Questions de compréhension auditive

Rebondir

Source:
wanadoo.fr
mardi 27 mai 2003

Vocabulaire

- pourvoir: to fill (a post)
- à la suite de: following
- top chrono: timed at
- bichonner: to cosset
- une missive: handwritten letter
- se pencher sur: to turn one's attention to
- bourrer: to stuff
- percutant: forceful, powerful, which has a strong impact
- le suivi: follow-up
- la relance: chasing up
- la lettre de relance: reminder
- le piston: string-pulling
- recruter: to recruit
- embaucher: to take on, to hire

A la recherche d'un emploi : conseils pratiques

1ière partie : La lettre de motivation

Ecoutez les sept conseils qui vous sont donnés pour réussir une lettre de motivation.

Répondez aux questions de compréhension auditive

1. Combien de postes sont pourvus à la suite de candidatures spontanées ?

2. En quoi le mode de présélection a-t-il changé ?

3. Combien de temps le recruteur met-il à lire pour la première fois une lettre de motivation ?

4. Que fera le recruteur après avoir lu votre lettre de motivation ?

5. Donnez deux façons d'améliorer les chances de succès de votre candidature.

6. Pour l'employeur, qu'indique la relance ?

7. Comment obtenait-on souvent un emploi auparavant ?

Résumez

D'après vos réponses aux questions ci-dessus, faites un résumé du texte enregistré.

Présentez oralement votre résumé à vos pairs.

Discutez

Serait-ce approprié de donner ces sept conseils à un ami à la recherche d'un emploi dans votre pays.

UNIT 16

QUESTIONS DE COMPRÉHENSION AUDITIVE

Rebondir

Source:
wanadoo.fr
mardi 27 mai 2003

Vocabulaire

- le rapport de force: balance of power
- être confronté à: to be confronted with
- la pénurie: shortage
- prendre le tournant: to take the turning point
- la cinquantaine: about 50 years old
- un boulot (fam.): job
- miser: to count on
- le chasseur de têtes: headhunters
- un cadre: executive
- traquer: to track down
- retenir (un candidat): to select
- prendre au sérieux: to take seriously
- à la loupe: with a magnifying glass
- cerner: to figure out, to work out
- la tenue vestimentaire: dress code
- faire couler beaucoup d'encre: to cause much ink to flow
- la loi: law
- réglementer: to regulate

A la recherche d'un emploi : conseils pratiques 2

2ième partie : Etre proactif

Questions de compréhension auditive

UNIT 16: A LA RECHERCHE D'UN EMPLOI 2: ETRE PROACTIF 69

Questions de compréhension auditive

1. Qu'est-ce qui offre une "belle opportunité pour rebondir et négocier" au candidat ?

2. Pour qui est-ce "un boulot" de rassurer les employeurs potentiels ?

3. Quels emplois semblent offrir des perspectives d'évolution ?

4. Que font les chasseurs de tête ?

5. Comment se mettre en contact avec un cabinet de recrutement ?

6. Que font souvent les recruteurs quand un candidat les a relancés ?

7. Quel est le but de la graphologie ?

8. Qu'est-ce qui permet au candidat de se présenter sous son meilleur jour ?

9. Est-ce que la loi Aubry du 31 décembre 1992 interdit l'utilisation de la graphologie ?

Discutez

En groupe de deux ou trois, faites une liste des activités menées par les cabinets de recrutement.
- A votre avis, pourquoi appelle-t-on le personnel des cabinets de recrutement des chasseurs de têtes ?
- Que pensez-vous de cette méthode de recrutement ? Utilise-t-on une telle approche dans votre pays ?

Interview

Vous avez contacté un cabinet de recrutement. Ce cabinet semble montrer de l'intérêt dans votre candidature et accepte d'avoir un entretien avec vous.

Imaginez l'entretien et "vendez-vous !"

Qu'en pensez-vous ?

Dressez une liste des adjectifs que l'on peut utiliser pour décrire une écriture.
- Estimez-vous que les caractéristiques d'une écriture puissent refléter des traits de personnalité ?
- La graphologie est-elle utilisée dans votre pays en tant qu'instrument de sélection à un poste ?

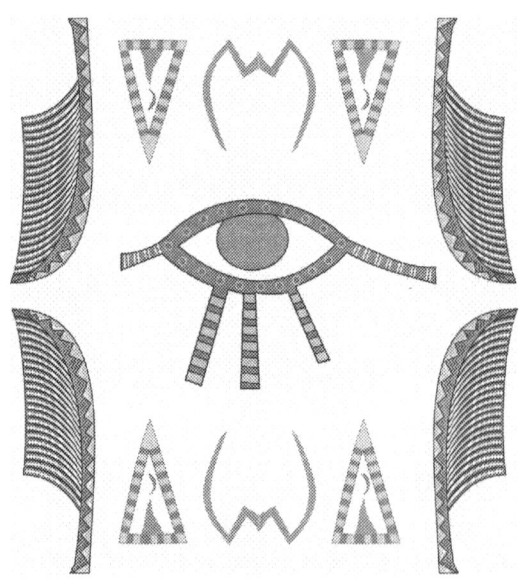

UNIT 17

QUESTIONS DE COMPRÉHENSION AUDITIVE

Rebondir

Source:
wanadoo.fr
mardi 27 mai 2003

Vocabulaire

- décrocher (fam.): to get, to land; to hit the jackpot
- s'armer de patience: to arm oneself with patience
- sous toutes les coutures: from every angle
- sur la sellette: on the hot seat
- expédier: to send
- convoquer: to call, to invite someone for an interview
- retenir l'attention: to hold someone's attention
- une crainte: fear
- surmonter: to overcome
- solliciter: to seek, to solicit
- un préjugé: bias, prejudice
- être dépassé: to be out of touch
- tisser: to weave
- confondre: to mistake, to confuse
- l'acharnement (mas.): determination, unremitting effort, relentlessness
- potasser: to swot
- un incontournable : unavoidable question
- repérer: to spot
- brader (se): to sell oneself off
- un bienfait: godsend, blessing

A la recherche d'un emploi : conseils pratiques 3

3ième partie : L'entretien

Questions de compréhension auditive

Questions de compréhension auditive

Répondez aux questions ci-après.

1. A quoi doit s'attendre le candidat une fois qu'il a été présélectionné ?

2. Que doit faire le candidat après avoir été présélectionné ?

3. Que doit prouver un candidat âgé de cinquante ans ?

4. Quelle est l'utilité d'un entretien par relation ?

5. Comment apparait le recruteur pour le candidat ?

6. Peut-on prédire les questions posées lors d'un entretien de recrutement ?

7. Quelles sont les intentions du recruteur quand il pose des questions inquisitrices ?

8. Qu'est-ce que les candidats hésitent à faire à l'embauche ?

9. Qu'est-ce qui est un bienfait pour les salariés selon les recruteurs ?

Interview 1

Demandez à un(e) partenaire de décrire l'emploi idéal pour lui ou pour elle.

Cette description doit être fondée sur les compétences de votre partenaire, sur ses qualifications et ses aspirations.

Unit 17: A la recherche d'un emploi 3: L'entretien

Interview 2

Votre candidature a retenu l'attention d'un recruteur. Imaginez l'entretien.

Le recruteur va vous poser des questions sur :
- votre état civil
- vos qualifications
- votre expérience
- votre disponibilité
- le salaire attendu
- votre motivation.

UNIT 18

Questions de compréhension auditive

Rebondir

Source:
wanadoo.fr
mardi 27 mai 2003

Vocabulaire

- être en règle: to be in order
- prévoir: to reckon on, to anticipate
- une démarche: procedure, step
- rimer: to rhyme
- le parcours du combattant: to go round an assault course
- avec dextérité: dextrously, skilfully
- les us et coutumes: (habits and) customs
- à vos plumes !: take your pens!
- le jeu de l'Oie: (board game similar to) snakes and ladders
- le vent en poupe: to run before the wind
- le licenciement: dismissal

Les dossiers en partenariat avec

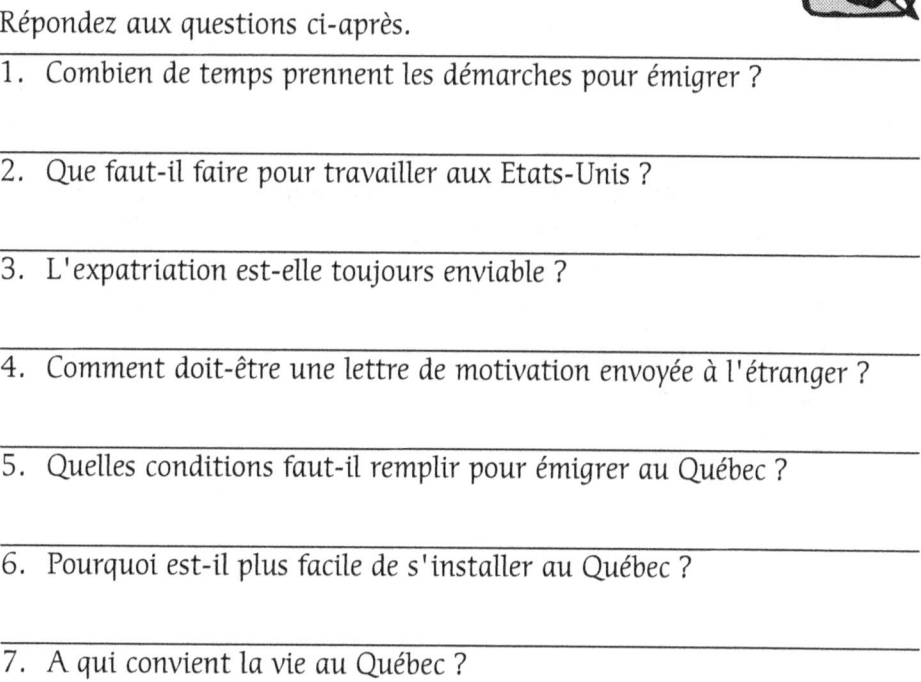

Questions de compréhension auditive

Répondez aux questions ci-après.

1. Combien de temps prennent les démarches pour émigrer ?

2. Que faut-il faire pour travailler aux Etats-Unis ?

3. L'expatriation est-elle toujours enviable ?

4. Comment doit-être une lettre de motivation envoyée à l'étranger ?

5. Quelles conditions faut-il remplir pour émigrer au Québec ?

6. Pourquoi est-il plus facile de s'installer au Québec ?

7. A qui convient la vie au Québec ?

8. Quels sont les indicateurs de la croissance économique du Québec ?

Communiquez

D'après vos réponses aux questions ci-dessus, écrivez un bref rapport sur l'émigration en Amérique.

Qu'en pensez-vous ?

De nombreux Caribéens émigrent vers les Etats-Unis, le Canada et le Royaume-Uni.

Avec un(e) partenaire, dressez une liste des raisons pour lesquelles ils prennent cette décision.

Evaluez ensuite, avec votre partenaire, la pertinence de chacune de ces raisons.

Interview 1

Avec un(e) partenaire imaginez l'interview d'un(e) jeune Caribéen arrivé(e) récemment dans son pays d'accueil.

Interview 2

Vous interviewez des jeunes Caribéens sur la question d'émigration vers les pays développés.

Est-ce un problème ou une solution ?

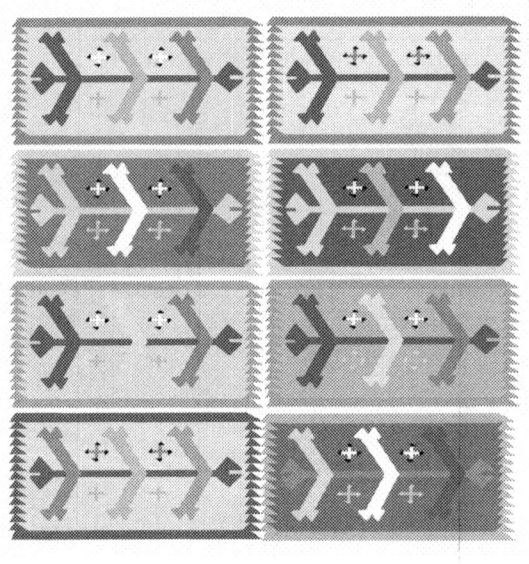

PART 2B

LONG LISTENING COMPREHENSIONS

UNIT 19

Questions de compréhension auditive

Visite aux Antilles

Source:
L'Express du 07/02/2002

Vocabulaire

Texte A
- s'en remettre: to get over it
- une répétition: a rehearsal
- un fond: background

Texte B
- averti: informed

Texte C
- la fuite: escape, flight
- se doter: to endow
- un bac: a ferry boat

Cette compréhension auditive est en trois parties. La première partie, c'est-à-dire le texte A, traite d'un phénomène culturel à Trinité-et-Tobago. La deuxième partie, c'est-à-dire le texte B, traite d'un problème de société en Haïti. La troisième partie, c'est-à-dire le texte C, a trait à la situation géographique de la Guyane.

Vous allez écouter chaque partie trois fois.

UNIT 19: VISITE AUX ANTILLES: TRINITÉ-ET-TOBAGO, HAÏTI, GUYANE

A. Trinité-et-Tobago

Vous allez écouter ce premier passage trois fois.

Questions de compréhension auditive

1. Que prépare-t-on à la Trinité ?

2. Combien de temps durent les préparations ?

3. De quand à quand dure la fête ?

4. Combien cela coûte pour intégrer un groupe ?

5. Que peut-on admirer à Port of Spain ?

6. A quoi peut-on assister dans les panyards ?

7. Que va-t-il y avoir en avril prochain ?

B. Haïti

Vous allez écouter ce deuxième passage trois fois. Pendant l'écoute remplissez les blancs par les mots ou groupe de mots qui manquent.

    Bon à savoir

Ce pays s'adresse aux voyageurs (1) _____ . Comme dans beaucoup de villes et pays du monde : Bogota, Mexico, Addis-Abeba, Antananarivo, Jamaïque, etc. (la liste serait trop longue), un touriste (2) _____ de tout son matériel photo, d'une "banane", d'un (3) _____ et de bijoux est une proie évidente. Il est également vivement conseillé d'éviter de (4) _____ à la tombée de la nuit non seulement à Port-au-Prince, mais dans toute l'île. Impératif: prévoir aussi une bonne assurance (5) _____ avant le départ.

Source: L'express du 14/06/2000
par Élia Imberdis

C. La Guyane

Vous allez écouter ce dernier passage trois fois.

Questions de compréhension auditive

1. Quel est le statut politique de la Guyane ?

2. Qu'est-ce qui sépare la Guyane du Brésil ?

3. Quelle est la superficie du Brésil ?

4. Quand le Brésil a-t-il obtenu son indépendance et de quel pays colonisateur ?

5. Que s'est-il passé en 1988 ?

6. Pourquoi parle-t-on le hollandais au Suriname ?

7. Qu'est-ce qui relie la Guyane au Suriname ?

D. Discussion

Parmi ces trois pays des Antilles, lequel aimeriez-vous visiter ?
Pour quelles raisons ?
Dans lequel de ces trois pays vous semble-t-il qu'il y ait le plus de problèmes de sécurité ?
Quelles sont les causes de l'insécurité ?
Dans lequel de ces trois pays vous semble-t-il que la question de l'insécurité soit moins préoccupante ?
A votre avis, qu'est-ce qui favorise un meilleur climat social ?

UNIT 20

QUESTIONS DE COMPRÉHENSION AUDITIVE

La communauté antillaise en métropole

Source:
20 février 2003
Adri © 2001 - Tous droits réservés
webmaster@adri.fr

Vocabulaire

- de longue date: long standing
- la souche: stock
- puiser: to draw
- la filière: channel, pathway
- s'inscrire: to lie, to be in keeping with
- la traite: (slave) trade
- le devenir: destiny

5ième partie: La nouvelle "Île-de-France antillaise"

Acitivité auditive A

Vous allez écouter trois fois l'enregistrement d'un texte intitulé "La nouvelle Île-de-France antillaise". Ce texte est la cinquième et dernière partie sur "La communauté antillaise en métropole". Cet enregistrement est en deux parties. La première partie, activité auditive A, consiste en une compréhension auditive et vous devrez répondre aux questions posées ci-après. La deuxième partie, activité auditive B, est un exercice à trous et vous devrez remplir les blancs par les mots qui manquent lors de l'écoute du texte enregistré.

Questions sur l'enregistrement

1. Combien de conséquences de cet enracinement nouveau sont notables ?

2. Quelle est la première conséquence mentionnée ?

3. Pour qui les Antilles ne sont-elles plus le pays natal ?

4. Comment les Antillais représentaient-ils la France traditionnellement ?

5. Quelle réalité nouvelle s'est substituée à la conception traditionnelle de la France ?

6. A quoi fait référence le nouveau "territoire antillais" ?

7. Quelle est la deuxième conséquence de cet enracinement nouveau ?

8. Dans quelles autres villes se construisent aussi de nouveaux espaces caribéens ?

9. Quelle est la troisième conséquence de cet enracinement nouveau ?

10. Que signifie l'image de la nouvelle "Île-de-France antillaise" ?

UNIT 20: LA NOUVELLE « ÎLE-DE-FRANCE ANTILLAISE »

Activité auditive B

Vous allez écouter trois fois cet enregistrement. N'écrivez rien pendant la première écoute. Remplissez les blancs pendant les deuxième et troisième écoutes.

Ici, le défi tient justement dans cette absence de lieu de (1) _____. La mémoire s'inscrit ici dans un rapport paradoxal à l'espace. Les (2) _____ de mémoire sont plus les systèmes de signes, par où le groupe témoigne de sa conscience de soi, que les traces (3) _____ qui matérialisent son existence en des points délimités et conservés de l'espace. Plus des itinéraires réels ou (4) _____, à travers lesquels il parle de lui-même. Plus le territoire symbolique qu'il se construit, que l'espace physique qu'il occupe. Mais, au fond, cela est-il tellement nouveau ? N'est-ce pas toute la mémoire antillaise qui a eu à se constituer dans un rapport paradoxal au (5) _____ et à l'origine ?

La traite est ici incontournable. Elle a été l'expérience d'un (6) _____ d'humanité. Elle a aussi laissé la trace d'un rapport initial de répulsion avec une terre qui, à force, finira par devenir d'origine. Et pourtant, les Antillais doivent paradoxalement à la traite d'exister en tant que peuple. La chose est incontournable : il n'y a pas de fait antillais en deçà de la traite. C'est dire aussi qu'il n'y a pas d' "être Antillais" qui ne soit un projet et une volonté !

Renaître du (7) _____ comme on l'a fait de la traite, et renouveler encore et toujours le devenir antillais : telle est l'ambition, tel est aussi une fois encore... le défi !

Expression orale

Avec un(e) partenaire, notez les trois conséquences du nouvel enracinement antillais.

- Discutez de leur signification.
- Ensuite, demandez à votre partenaire s'il/elle envisagerait d'émigrer en métropole et pour quelles raisons il/elle le ferait ou non.

Expression écrite

Ecrivez un petit article exposant vos raisons pour lesquelles vous désirez ou non émigrer en métropole.

UNIT 21: LA CIRCONSCRIPTION DE FORT DE FRANCE 1 EST EN LIGNE ! 85

UNIT 21

QUESTIONS DE COMPRÉHENSION AUDITIVE

La circonscription de Fort de France 1 est en ligne !

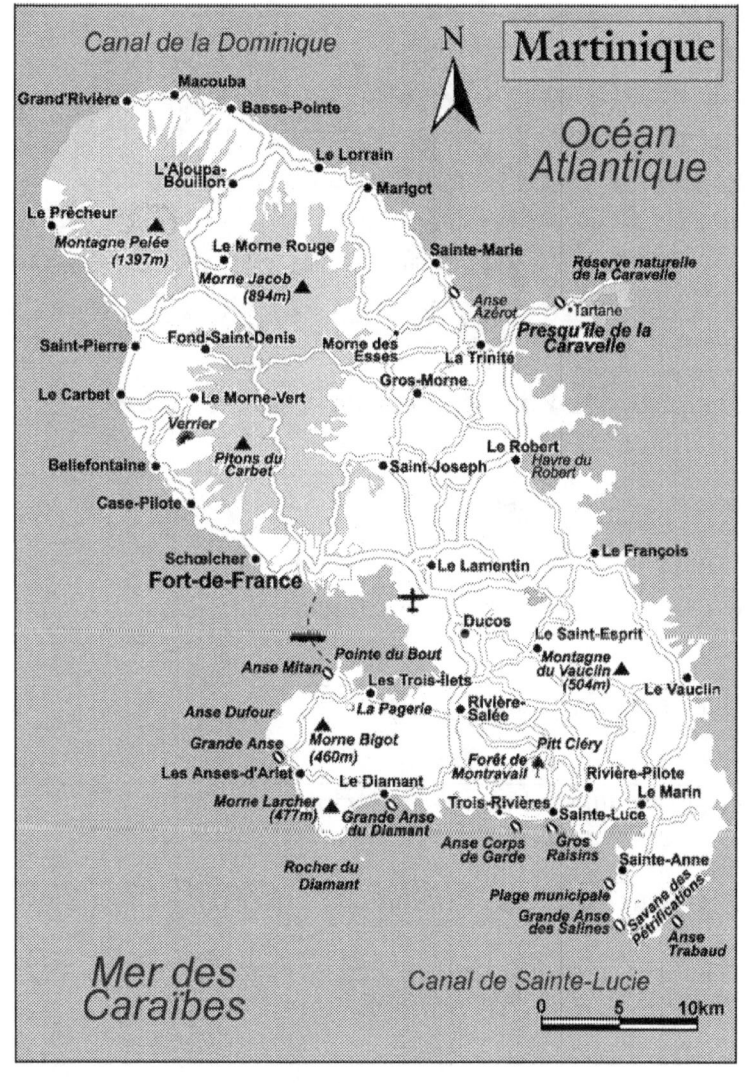

Vocabulaire

- la circonscription: district, area
- l'académie: regional education authority
- héberger: to lodge
- les tâtonnements: experimentation, trial and error
- le tissu: fabric
- dédier à: to dedicate to
- un dispositif: device, mechanism
- le rayonnement: influence, extension
- la mise en oeuvre: implementation
- la formation permanente: continuing education
- TIC: Technologie de l'Information et de la Communication
- ZEP: Zone d'Education Prioritaire

La circonscription de Fort de France 1 est en ligne !

Questions sur l'enregistrement

1. Où se trouve le site de Fort de France 1 ?

2. Que peut-on y trouver ?

3. Ce site, à qui s'adresse-t-il principalement ?

4. Citez deux fonctions attestant de l'utilité de ce site à l'avenir ?

5. Dans quelle académie se trouve le site ?

Unit 21 : La circonscription de Fort de France 1 est en ligne ! 87

6. D'après l'inspectrice de Fort de France 1, comment ont été préparées les premières pages ?

7. Quelles sont les quatre étapes par lesquelles on évolue en cliquant ?

8. Que permettront bientôt de faire les outils de 'groupware' ?

Expression orale

En vous aidant de vos réponses, résumez brièvement le texte que vous avez écouté.

En groupe de deux, imaginez l'entretien entre l'inspectrice de Fort de France 1 et un enseignant.

Source : http://structures.ac-martinique.fr/fdf1/

UNIT 22

QUESTIONS DE COMPRÉHENSION AUDITIVE

Les Antilles: Coup d'oeil sur le passé

Source:
http://www.gov.mb.ca/labour/immigrate/multiculturalism/2_2.fr.html
Mars six 2005

Vocabulaire

- une escale: port of call
- être apparenté à: related to
- un autochtone: native
- un lopin de terre: patch of land

Les Antilles: Coup d'oeil sur le passé

A Vous allez écouter trois fois la première partie du texte intitulé "Les Antilles: coup d'oeil sur le passé". Après la première écoute répondez aux questions ci-après.

1. Depuis quand date l'histoire écrite des Antilles ?

2. Que faisaient les navires européens à destination de l'Amérique ?

3. Pourquoi la main d'oeuvre des Antilles était-elle bon marché ?

4. Qui vivaient aux Antilles avant l'arrivée des Espagnols ?

Unit 22: Les Antilles: Coup d'œil sur le passé

5. Pourquoi les esclaves africains ont-ils remplacé les autochtones ?

6. Après l'abolition de l'esclavage, qu'ont fait les Noirs émancipés ?

B Vous allez écouter la deuxième partie du texte enregistré trois fois. Pendant ces trois écoutes remplissez les blancs avec les mots ou expressions qui manquent.

Après que les Asiatiques ont complété leur (1) _____, ils obtiennent gratuitement des terres que certains d'entre eux vont cultiver. Ils forment ainsi une classe de (2) _____ de modestes plantations de canne à sucre.

Les Chinois quittent la terre à la fin de leur (3) _____ et commencent à établir de petites entreprises. Ils composent bientôt la classe de commerçants, qui est (4) _____ dans les Grandes Antilles. En Guyane, la population sera diversifiée encore davantage par l'immigration de quelque milliers de Portugais venant de Madère.

Les Britanniques forment le groupe le plus puissant et le plus riche de la région (5) _____ , malgré le fait que beaucoup d'entre eux soient retournés en Angleterre et aient délégué à des (6) _____ l'administration de leurs plantations. La race est un facteur déterminant du statut social. Bien qu'aucune loi ne permette la discrimination contre la grande majorité des gens d'ascendance africaine, il existe des (7) _____ inhérents à la structure sociale des sociétés (8) _____ en faveur des planteurs et des administrateurs des colonies. Cette situation fera pencher la balance à l'encontre des aspirations des habitants (9) _____ africaine.

Les habitants des Caraïbes sont habitués à se démener pour améliorer leurs conditions de vie. Le système d'éducation par lequel la plupart des immigrants des Antilles ont passé est semblable à celui qui est offert à l'élève moyen d'Angleterre. C'est pourquoi les Antillais ont tendance en majorité à (10) _____ de préférence au Canada et aux États-Unis, le traumatisme associé à cette décision étant généralement très limité.

C Expression orale

Avec un(e) partenaire écrivez :
- cinq questions ayant trait à la 2ième partie du texte
- cinq questions ayant trait à l'histoire contemporaine de votre pays.

Posez les dix questions que vous avez formulées à un autre groupe de deux.

A votre tour, maintenant, de répondre aux dix questions de l'autre groupe.

UNIT 23

QUESTIONS DE COMPRÉHENSION AUDITIVE

Radio Haïti cesse d'émettre pour raisons de sécurité

Source:
Agence France Presse

Ecoutez trois fois l'enregistrement du texte intitulé "Radio Haïti cesse d'émettre pour raisons de sécurité". N'écrivez rien pendant la première écoute. Ecrivez vos réponses après la première écoute et complétez-les lors des deuxième et troisième écoutes.

1. Qui est Michèle Montas ?

2. Est-elle toujours mariée ?

3. Qu'est-ce qui est arrivé à Jean Dominique ?

4. A quelle date cela s'est-il passé ?

5. Pourquoi la station de radio va-t-elle cesser de diffuser ses émissions ?

6. Qui était Maxime Séide ?

Expression écrite

Résumez en quelques lignes le contenu du texte enregistré.

Expression orale

A vous la parole, maintenant imaginez les deux interviews ci-dessous.

Interview 1

Imaginez que vous êtes Michèle Montas et que vous êtes interviewée par un(e) journaliste.
Votre partenaire jouera le rôle du journaliste.

Interview 2

En groupe identifiez et faites une liste des problèmes sociaux, économiques et politiques de Haïti.

Avec un partenaire, jouez le rôle d'un journaliste qui interviewe un Haïtien sur la situation sociale, politique et économique de son pays.

Faites des comparaisons avec la situation dans votre pays.

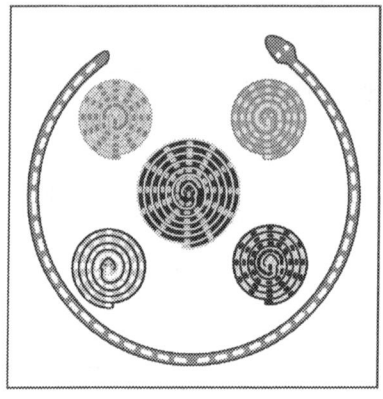

PART 3

SITUATIONS

Part 3: Situations

Unit 24: Situation practice 1

Unit 25: Situation practice 2

Unit 26: Situation practice 3

Unit 27: Plaidez votre cause

Unit 28: Argumentez

UNIT 24
SITUATIONS

Situation practice 1

Réponses à donner en français aux situations ci-après.

Donner la réponse la plus appropriée pour chacune des situations ci-dessous.

1 You have an appointment with the personnel manager. After you come in he asks you to close the door. What does he say to you?

2 A hotel guest calls you to order breakfast. He says he would like some coffee with milk, some bread, butter and jam. What does the guest say?

3 You are a waiter. A customer sits at the bar. Ask him what he wants. What do you say to the customer?

4 A guest asks the chambermaid to bring a pillow. What does the guest say to the chambermaid?

5 A guest goes and shops for clothes at the hotel boutique. The sales person asks her what size she takes. What does the sales person say?

6 The guest asks whether she can try the red dress. What does she ask?

7 The sales assistant tells the customer that the skirt suits her. What does she say to the customer?

8 You are a porter in a hotel. A customer asks you to take up her parcels to her room. What does she say to you?

UNIT 25

SITUATIONS

Situation practice 2

Réponses à donner en français aux situations ci-après.

Donner la réponse la plus appropriée pour chacune des situations ci-dessous.

1 You have just spent the weekend at a French friend's house. Express your appreciation.
2 A friend asks you whether you have some change. Tell him you are sorry but you don't.
3 Someone wants to know why you did not go and see the show as you intended. You tell her that it was cancelled.
4 A custom officer in Guadeloupe asks you how long you intend to stay. What does he say to you?
5 A Martinican friend wants to know what the most typical dish is in your country. What does he ask you?
6 You call the cinema to find out what films are shown today. What do you ask?
7 You are in a café and you want to order an ice-cream. Ask the waiter what flavours there are.
8 You are at the post office in St. Martin. Ask how much it is to send a letter to Jamaica.
9 A Frenchman commends you on your French. He asks you how long you have been learning French. What does he say?
10 You have been invited to a French restaurant by some French friends. Ask them what desert they advise you to choose.

UNIT 26

SITUATIONS

Situation practice 3

Réponses à donner en français aux situations ci-après.

Donner la réponse la plus appropriée pour chacune des situations ci-dessous.

1. Some friends invite you to go to the beach with them. Tell them you'll be delighted to go.

2. You go to the tourist information board. You ask the assistant what there is to see and to do in Fort de France. What do you say?

3. You plan to spend Christmas in metropolitan France. Ask what the weather is like in winter.

4. You have just arrived in Pointe-à-Pitre and there is a bus strike. Ask how long the strike is expected to last.

5. Your sister is unwell. You call her school to tell her teacher she will be absent these next two days.

6. You tell a friend that you never missed a French class this year. What do you say to him?

7. You go into a shop. The sales attendant asks you how she can help you.

8. A sales attendant asks you which of the two ties you like best. What does he say?

9. You are Mr. Dumas. You arrive at the restaurant where you have booked a table for four for 8.30 p.m. What do you say?

10. You interview a candidate for a job in your company. Invite him to sit down.

UNIT 27

SITUATIONS

Thèmes de discussion

Plaidez votre cause

Faites une liste des raisons que vous utiliserez pour plaider votre cause. Une fois votre liste finie, vous avez trois minutes pour faire votre plaidoyer.

1. Le mariage est-il une institution dépassée. Exposez votre point de vue sur la question.

2. Quelle importance doit-on accorder au temps libre dans son choix de carrière ? Donnez votre opinion.

3. Vous avez fait une étude sur la violence urbaine dans les quartiers défavorisés. Quels en sont les manifestations les plus flagrantes ? Quels remèdes suggérez-vous pour lutter contre la violence ? Expliquez.

4. Vous représentez le parti de l'opposition. Vous critiquez le gouvernement au pouvoir de ne pas prendre des mesures pour mettre fin à la croissance de la violence urbaine.

5. Vous discutez avec un ami qui vient de perdre son emploi. Quels conseils lui donneriez-vous pour retrouver un emploi ?

6. Vous êtes à la recherche d'un emploi. Vous vous adressez à l'Agence Nationale pour l'Emploi (ANPE). Expliquez à l'employé les raisons pour lesquelles vous avez perdu votre poste et decrivez le genre de poste que vous recherchez compte tenu de votre formation et de votre expérience.

7. Le sport a-t-il un rôle à jouer au plan international ? Donnez vos raisons.

Unit 27: Plaidez votre cause

8 Vous êtes médecin et on vous invite à faire une conférence dans un lycée à de jeunes adolescents sur la question de l'anorexie. Que leur dites-vous ?

9 En tant que représentant du Front National en France vous énoncez les grandes lignes de votre parti concernant l'émigration. Présentez votre politique.

10 Vous êtes commentateur politique. Voyez-vous une solution au conflit israelo-palestinien ? Quel rôle peuvent jouer les grandes puissances et les Nations Unies dans la résolution du conflit ?

11 La société occidentale a-t-elle le culte du corps ? Donnez votre opinion.

UNIT 28

Situations

Argumentez

1. La famille caribéenne est-elle en crise ? Décrivez la structure et la fonction de la famille caribéenne. Identifiez les principaux aspects de la structure familiale spécifiques aux sociétés caribéennes francophones, notamment la prévalence de la famille monoparentale, et discutez de leur importance sur le plan social.

2 Quelles mesures peut-on prendre pour combattre la violence domestique ?

3 La Belgique reconnait légalement le mariage entre homosexuels. Que pensez-vous de cette loi ?

4 La violence et la criminalité dans la Caraïbe. Quelles en sont leurs causes ? Peut-on y remédier ?

Owen Arthur de la Barbade, Bharrat Jagdeo du Guyana, P.J. Patterson de la Jamaïque et Patrick Manning de la Trinité et Tobago

5 Devrait-on décriminaliser les drogues douces telles que la marijuana ?

6 Comment serait-ce possible d'éradiquer le "racisme" dans les sociétés caribéennes ?

7 L'émigration en France métropolitaine, est-ce la promesse d'un avenir meilleur pour les Caribéens francophones ?

8 Quels facteurs favorisent l'exode rural ? Peut-il être freiné ?

9 Vivre mieux et sainement. Quelles solutions préconisez-vous ?

10 L'éducation permet une meilleure qualité de la vie. Qu'en pensez-vous ?

11 Faut-il considérer l'égalité des chances comme une utopie ou comme un objectif social ? Discutez.

12 La démocratie repose sur la liberté de la presse. Il faut lutter pour préserver le droit des citoyens à l'information. Expliquez.

13 Discutez des avantages et des désavantages d'une politique mondialiste.

14 La mondialisation est-elle bénéfique aux pays en voie de développement ?

15 Quels secteurs ont particulièrement bénéficié de l'aide des pays développés aux pays sous-développés ou en voie de développement ? Identifiez chaque secteur en expliquant en quoi cette aide a été bénéfique.

16 La Martinique et la Guadeloupe font-elles partie de la Caraïbe ou de l'Europe ? Sont-elles contraintes à choisir leur allégeance ?

17 Quels sont les problèmes socio-économiques liés à l'indépendance des Départements et Territoires d'Outre-Mer (DOM-TOM) ? Pensez-vous que les DOM-TOM soient prêts à confronter ces problèmes ?

18 La diversité linguistique constitue-t-elle une barrière à l'intégration caribéenne ?

19 Présentez l'Union Européenne et discutez de son importance en tant qu'entité politique.

20 Est-il souhaitable de promouvoir une union régionale caribéenne ?

21 Peut-on maintenir la diversité linguistique et promouvoir l'intégration économique ?

22 En quoi l'internet a révolutionné la société d'aujourd'hui ?

23 Le village planétaire, est-ce une illusion dans l'imaginaire de l'homme du XXIième siècle ?

24 Le livre électronique remplacera-t-il le livre traditionnel ? En quoi leurs fonctions diffèrent-t-elles ?

25 Pensez-vous que les Martiniquais et les Guadeloupéens devraient demander leur indépendance de la France métropolitaine ? Quels en seraient les avantages et les inconvénients ?

PART 4

ANSWERS TO READING COMPREHENSIONS

Part 4: Answers to reading comprehensions

Unit 1: Comment caractériser l'Antillais ?

Unit 2: La communauté antillaise en métropole : Une « communauté » nouvelle

Unit 3: La communauté antillaise en métropole : Un provisoire qui dure

Unit 4: La communauté antillaise en métropole : Pour une nouvelle ère de la citoyenneté

Unit 5: Peut-on continuer d'être Antillais hors des Antilles ?

Unit 6: La famille antillaise : Les Antillais au Manitoba

Unit 7: Le tourisme aux Antilles françaises : Aller aux Antilles, ou pas ?

Unit 8: Voyage dans la Caraïbe anglophone : Noël au Guyana

Unit 9: La coopération canadienne aux Antilles : Projet de l'ACDI en Haïti

Unit 10: Projets d'assistance technique à Haïti

Unit 11: Une interview d'Edouard Glissant (1ière partie)

Unit 12: Une interview d'Edouard Glissant (2ième partie)

Unit 13: La politique en métropole : Une année décisive pour Jean-Pierre Raffarin

UNIT 1

Texte de compréhension écrite : Réponses

Comment caractériser l'Antillais ?

Qui est l'Antillais ?

Source: Travail et immigration, Manitoba
www.immigreraumanitoba.com
Tel : 204-945-3744
Fax: 204-945-4796
Email: mgi@gov.mb.ca

Réponses aux questions de compréhension

1. Pourquoi est-il difficile de caractériser l'Antillais ?

C'est à cause de la diversité ethnique et religieuse des Antilles.

2. Y a-t-il eu une forte immigration du Moyen-Orient ?

Non, il n'y a eu qu'une poignée d'immigrants venant du Moyen-Orient.

3. Quelles sont les caractéristiques principales des Antilles ?

C'est une région très diversifiée. Cette diversification se manifeste du point de vue de la langue, de la religion, de la couleur ainsi que de l'histoire socio-économique et politique.

4. Est-il aisé de décrire les particularités physiques d'un Antillais ?

Expliquez. Non, à cause de la diversité des traits raciaux. Un exemple frappant est la diversité de couleur de peau. Un Antillais peut avoir la peau foncée, brune, blanche, jaune ou rouge.

5. Qu'est-ce que les Antillais ont en commun ?

Ils ont des caractéristiques et des expériences culturelles analogues.

6. Sont-ils de nature morne et apathique ?

Non, au contraire, ils ont une grande soif de vivre.

7. Par quel autre nom appelle-t-on les Antillais ?

On les appelle parfois les Caribéens.

8. En quoi les Antilles sont-elles une région linguistiquement cosmopolite ?

Elles sont linguistiquement cosmopolites par le nombre de langues parlées, notamment le français, l'anglais, l'espagnol et le hollandais.

9. Que peut-on dire du profil linguistique dans les Antilles anglophones ?

Son profil linguistique dans les Antilles anglophones n'est pas uniforme. Il se distingue par sa variété phonologique car chaque île a son propre accent.

UNIT 2

Texte de compréhension écrite : Réponses

Comment caractériser l'Antillais ?

1ière partie: Une « communauté » nouvelle ?

Source:
Adri © 2001
Tous droits réservés - webmaster
webmaster@adri.fr
20 février 2003

Réponses aux questions de compréhension

1. Qu'est-ce qui a initié la troisième phase de l'histoire antillaise ?

C'est le " transbord ".

2. En quoi consistaient les deux premières phases ?

Elles consistaient à la fois d'une amalgamation de populations nouvelles et d'une croissance démographique naturelle.

3. Quel mouvement démographique peut-on noter ?

On peut noter une vague d'émigration provenant des Antilles.

4. Qui sont les populations déterritorialisées ?

Ce sont les populations antillaises qui ont émigré.

5. Qui sont les populations-mères ?

Ce sont les populations antillaises des Antilles.

6. Qu'est-ce qui indique que ce changement est important ?

Ce sont ses dimensions économiques, sociales, culturelles et politiques de l'histoire antillaise.

7. Que peut-on remarquer en France ?

On peut remarquer le développement de communautés antillaises, surtout près de Paris.

8. Les Antillais émigrent-ils vers les régions du sud de la France ?

Non, ils se regroupent principalement dans le nord.

9. A quelles exigences doit répondre la communauté antillaise pour exercer un rôle politique en France métropolitaine ?

La communauté antillaise doit répondre à deux exigences. Tout d'abord, elle doit exprimer sa décision de s'installer définitivement en métropole. Ensuite, elle doit affirmer son originalité socioculturelle et sa volonté de promotion sociale.

10. Les conditions politiques en Martinique et en Guadeloupe sont-elles favorables au développement des Antillais ?

Non, on cherche toujours à les satisfaire.

Exploitation lexicale

Trouvez un synonyme pour les mots ci-après

- une agrégation : un assemblage
- un élargissement : un agrandissement
- grandissant : croissant
- inéluctable : inévitable
- sommer (quelqu'un de faire quelque chose) : enjoindre

UNIT 3

Texte de compréhension écrite : Réponses

La communauté antillaise en métropole 2

2ième partie: Un provisoire qui dure

Source:
Adri © 2001
Tous droits réservés - webmaster
webmaster@adri.fr
20 février 2003

Réponses aux questions de compréhension

1. Quel est le rêve de chacun ?

C'est d'aller en France.

2. Pense-t-on aller s'installer en France définitivement ?

Non, on pense y aller temporairement.

3. En quoi est-ce un provisoire qui dure ?

Parce que l'on y reste souvent longtemps, parfois presque cinquante ans.

4. L'Antillais prend-il une décision définitive de partir ou rester ?

Il semble que l'Antillais ne sache quelle décision prendre et qu'il n'a pas de prise sur son destin.

5. Que cherche à montrer le dessin du caricaturiste ?

Il cherche à montrer les incertitudes des Antillais qui ne savent s'ils doivent rester ou partir pour Paris.

6. A votre avis qu'indiquent les questions que se posent les Antillais sur l'immigration ?

Elles indiquent leur désarroi et leurs frustrations face à l'avenir.

7. A quelle époque les Antillais ont-ils émigré ?

Dans les années soixante et soixante-dix.

8. Qu'a signifié leur migration ?

Elle a signifié l'entrée dans la société de consommation.

9. Quel effet a eu leur migration ?

Elle a contribué à l'amélioration du niveau de vie aux Antilles.

10. Comment se montrent les Antillais des Antilles envers les Antillais de métropole désireux de rentrer au pays ?

Ils se montrent méfiants.

11. Quelles sont les deux questions institutionnelles préoccupant les Antillais ?

Les questions de décentralisation et d'autonomie.

12. A quel changement politique radical vont devoir faire face les populations antillaises pour assurer leur avenir ?

Elles vont devoir s'engager dans la vie politique et participer pleinement au quotidien de la cité.

Vocabulaire 2

Donnez les adjectifs correspondant aux adverbes suivants :

- Irrémédiablement : irrémédiable
- Durablement : durable

Donnez les adverbes correspondant aux adjectives suivants :

- Indubitable : indubitablement
- Inadéquate : inadéquatement
- Inéluctable : inéluctablement

UNIT 4

Texte de compréhension écrite : Réponses

La communauté antillaise en métropole 3

3ième partie: Pour une nouvelle ère de la citoyenneté

Source:
Adri © 2001
Tous droits réservés - webmaster
webmaster@adri.fr
20 février 2003

Réponses aux questions de compréhension 1

1. Que permet de faire l'exemple antillais ?

Il permet d'éclairer les liens sur l'exclusion et l'affirmation identitaire.

2. A votre avis, en quoi consiste la problématique de l'affirmation identitaire ?

C'est la volonté d'affirmer sa propre identité culturelle au sein du groupe culturel majoritaire.

3. Qu'est-ce qui motive la revendication identitaire ?

C'est le refus de la domination par le groupe dominant.

4. Qu'est-ce qui explique la revendication identitaire ?

C'est le contrôle, la marginalisation et la relégation dont est l'objet le groupe dominé.

5. Quel est le danger de la revendication identitaire ?

C'est que cela conduit à la discrimination.

6. A quelle réalité socio-économique se trouvent confrontés les groupes dominés dans la société de résidence ?

Ils se trouvent confrontés à la ségrégation et à une opposition à leur volonté de promotion.

7. Qu'est-ce qui fait obstacle au "droit à l'identité" ?

C'est la philosophie de société fondée sur le mythe de la nation homogène et la négation des différences.

8. Est-il aisé pour les groupes dominés d'avancer socialement ?

Non, car le groupe dominant y fait obstacle.

Réponses aux questions de compréhension 2

9. Comment devrait se définir la citoyenneté ?

Elle devrait se définir comme une acceptation et non l'exclusion de la différence affirmée.

10. Cette nouvelle conception de la citoyenneté est-elle une exigence morale ?

Non, c'est une exigence politique.

11. Quelle est l'implication sociale de cette conception de la citoyenneté pour les émigrés des banlieues parisiennes ?

C'est la construction d'une communauté solidaire.

12. En quoi les jeunes de familles émigrées se font-ils concurrence ?

Ils se font concurrence dans la recherche d'un emploi.

13. Pourquoi l'auteur parle-t-il d'une 'communauté de destin' ?

Parce que tous les jeunes qui ne sont pas Français de souche sont voués à faire face aux mêmes problèmes.

14. De quoi doivent faire preuve ces jeunes pour le bien-être de tous ?

Ils doivent faire preuve d'un souci d'égalité et de respect de l'autre.

15. Comment faudrait-il concevoir la relation entre l'Antillais de France et la métropole ?

Il faudrait la concevoir sous le mode d'une relation triangulaire entre la métropole, l'Antillais en France et l'étranger des Antilles.

Complétez les phrases ci-après 1.

- Les Réunionnais sont originaires de *la Réunion*.
- Les Guyanais viennent de *la Guyane*.
- En Guadeloupe vivent *les Guadeloupéens*.
- Les habitants de la Martinique sont *les Martiniquais*.
- Les Réunionnais ne sont pas *antillais*.

Complétez les phrases ci-après 2.

Et connaissez-vous les habitants du bassin caribéen ?

- Les Haïtiens sont originaires de Haïti.
- Les Cubains viennent de Cuba.
- Aux Bahamas vivent les Bahaméens.
- Les habitants de la Barbade sont les Barbadiens.
- Les Jamaïcains sont de Jamaïque.
- Et les Guyaniens, d'où sont-ils ? Du Guyana.

UNIT 5

Texte de compréhension écrite : Réponses

La communauté antillaise en métropole 4

4ième partie: Peut-on continuer d'être antillais hors des Antilles ?

Source:
Adri © 2001
Tous droits réservés - webmaster
webmaster@adri.fr
20 février 2003

Réponses aux questions de compréhension 1

1. Quel est l'enjeu de l'avenir des Antillais ?

C'est de maintenir leur identité hors des Antilles.

2. Qui a traité de ce conflit identitaire ?

Aimé Césaire dans son Cahier d'un retour au pays natal.

3. De quoi a fait l'expérience l'immigré antillais ?

Il a fait l'expérience du retour sur soi.

4. A votre avis, en quoi ce retour sur soi est une aventure à la fois individuelle et collective ?

C'est une expérience individuelle, car elle est introspective et vise le retour sur soi. C'est, d'autre part, une expérience collective en ce que tout Antillais immigré la fait.

5. Comment semble toujours se terminer la période des "jours étrangers" ?

Elle semble se terminer par le retour au pays natal.

6. En quoi la geste du Cahier d'un retour au pays natal est-elle significative ?

Il est significatif par l'impact qu'il a eu sur la littérature d'expression française et l'histoire de la pensée.

7. Quand l'oeuvre collective de Césaire et ses compagnons a-t-elle été initiée ?

Dans l'entre-deux-guerres.

8. Quelle a été la conséquence socio-politque de cette oeuvre collective ?

Cette oeuvre collective a eu pour conséquence d'ébranler l'ordre colonial.

9. Est-ce par leur nombre que les Antillais ont laissé leur empreinte ?

Non, car ils étaient peu nombreux.

10. Quelle contribution les Antillais ont-ils apporté à la conscience universelle ?

Ils ont permis de refonder les valeurs morales telles que les normes du bien et du mal, du juste et de l'injuste, du beau et du laid.

11. De quel danger les Antillais ont-ils conscience ?

Ils ont conscience que l'exigence identitaire peut aboutir à l'intégrisme culturel.

12. Pourquoi peut-on affirmer que l'identité culturelle n'est pas un état ?

Parce que l'identité culturelle se construit et elle doit se recréer perpétuellement pour se préserver.

Réponses aux questions de compréhension 2

13. D'après vous, quel phénomène démographique active le mouvement de déconstruction-reconstruction de l'identité ?

C'est le phénomène migratoire.

14. Quelles autres populations sont soumises à ce même mouvement ?

Les West Indians de Londres ou les Portoricains de New York.

15. Quels sont les deux évenements marquants de l'histoire antillaise ?

C'est la traite négrière et les "transbords" de l'émigration.

16. Qu'est-ce qui allait former les peuples des Antilles ?
C'est la résistance à la négation de leur humanité.

17. Comment peut-on résumer l'histoire des Antillais ?
On peut la résumer en deux mots : résistance et création.

18. Que faut-il poser comme une des dimensions positives de la vie de la cité ?
C'est la " volonté d'être ".

19. Citez deux exemples de succès caribéen en terre d'accueil ?
Le succès de Kassav en France et celui de la Fania All Star à New York.

20. Citez trois exemples de danger pour la population caribéenne émigrée ?
Ce sont le chômage, la drogue et la destructuration sociale.

21. Comment aider les jeunes d'origine antillaise de métropoles ? Citez deux actions.
Il faut non seulement leur transmettre l'histoire antillaise mais aussi les aider à inventer leur propre histoire.

Vocabulaire

En vous référant au texte donnez l'antonyme des mots ci-dessous.

- l'éloignement : la proximité
- le mal : le bien
- le juste : l'injuste
- le laid : le beau
- la déconstruction : la reconstruction
- le reniement de soi : la valorisation de soi
- individuel(le) : collectif(-ve)

UNIT 6

Texte de compréhension écrite : Réponses

La famille antillaise

Les Antillais au Manitoba

Source
Travail et immigration, Manitoba
www.immigreraumanitoba.com
Tel : 204-945-3744
Fax: 204-945-4796
Email: mgi@gov.mb.ca

Réponses aux questions de compréhension

1. Comment le concept de la famille antillaise est-il caractérisé ?

Il est caractérisé par : l'unité, l'amour, la fierté et le soutien moral, social et économique.

2. Qu'entendez-vous par " réseau au tissu social très serré " ?

Cela signifie que la famille est, non seulement très unie, mais aussi elle est étendue.

3. Quels sont les deux éléments qui ont marqué les institutions antillaises ?

C'est la période d'esclavage, puis les bouleversements socio-économiques.

4. Le mariage est-il resté uniquement une institution religieuse ?

Non, mais c'est la marque du statut social.

5. Qu'est-ce qu'une famille monoparentale ?

C'est une famille où seulement un parent élève les enfants.

6. Qui se trouve à la tête de la famille monoparentale ?

C'est souvent la mère.

7. Y a-t-il davantage de femmes mariées parmi celles nées aux Antilles ou au Canada ?

Il y a davantage de femmes mariées chez celles nées au Canada que celles nées aux Antilles.

8. Les femmes mariées d'origine antillaise sont-elles plus nombreuses que les hommes ?

Non, ce sont les hommes qui sont plus nombreux.

9. D'arprès des données statistiques, que note-t-on chez les Antillais ?

On note une forte prévalence de séparations et de divorces.

10. La famille nucléaire est-elle très répandue ?

C'est plutôt la famille élargie qui prévaut.

11. Quelle structure familiale les Antillais tendent-ils à privilégier ?

La famille élargie en tant que regroupement de personnes sur lesquelles on peut compter.

12. Décrivez la relation parents-enfants dans la famille antillaise.

Les parents antillais aiment leurs enfants mais ils sont sévères envers eux. Quant aux enfants, ils doivent montrer du respect envers leurs parents et leurs traditions.

13. A votre avis, pourquoi une intervention de l'extérieur causerait-elle de l'embarras ?

A mentionner la question de confidentialité, de l'autorité parentale, des relations entre époux. Ce sont des éléments définis culturellement qui diffèrent d'une culture à une autre. Intervenir dans une crise familiale court le risque d'être culturellement inapproprié.

UNIT 7

TEXTE DE COMPRÉHENSION ÉCRITE : RÉPONSES

Le tourisme aux Antilles françaises

Aller aux Antilles, ou pas ?

Source:
LA VOIX DU NORD© 2002
- réalisation TELMEDIA©
Vendredi 15 novembre 2002

Par Frédéric Folliot, Jean-Charles Gatineau et Joëlle Jacques

Réponses aux questions ci-dessous

1. Le tourisme dans les îles des Antilles françaises est-il aussi développé que dans les îles hispaniques?

   Non, ce n'est pas un tourisme de masse comme dans les Antilles hispanophones.

2. D'après vous, pourquoi l'agence de voyages a-t-elle choisi de s'appeler 'Tibo' ?

   Parce que Tibo signifie " petit baiser " en créole. C'est donc un nom évocateur de charme, de douceur soulignant la spécificité linguistique des Antilles.

3. Quelle expression indique que Fabrice Vanheule est déterminé à soutenir le tourisme aux Antilles françaises?

   Contre vents et marées.

4. Quel groupe hôtelier veut se retirer des Antilles ?

   Le groupe hôtelier Accor.

5. Combien d'hôtels seront affectés ?

   Quinze hôtels.

6. Tous les hôtels risquent-ils de fermer ? Pourquoi ?

   Non, parce que la chaîne Accor n'est pas propriétaire des murs et d'autres hôteliers seraient intéressés à reprendre la gestion des établissements.

7. A votre avis, pour quelles raisons le groupe Accor veut-il se retirer ?

C'est à cause des coûts de gestion élevés en comparaison avec les autres îles des Caraïbes. Ce qui coûte particulièrement cher ce sont les charges salariales, l'entretien des bâtiments, la construction et aussi le transport.

8. Quel statut ont la Martinique et la Guadeloupe ?

Ce sont des départements. On les appelle les Départements d'Outre-Mer (DOM).

9. Quel pays fait concurrence aux Antilles françaises ?

C'est la République dominicaine.

10. Quelles en sont les raisons ?

C'est le faible niveau de développement socio-économique et les salaires peu élevés du personnel en République dominicaine.

11. Quels sont les problèmes inhérents au tourisme aux Antilles françaises ?

C'est surtout le mauvais accueil fait aux touristes, les grèves et l'insécurité.

12. D'après Fabrice Vanheule, qui devrait adresser ce problème ?

C'est le gouvernement.

13. Expliquez l'expression familière "si les vacanciers... refont le coup des colons".

C'est-à-dire que certains vacanciers sont accusés de se comporter en colons envers les Antillais et leur montre peu de respect. Cette attitude dominatrice engendre le rejet des touristes par les Antillais.

14. Que s'est-il passé il y a cent cinquante ans ?

Il y a eu l'abolition de l'esclavage.

15. Les autochtones contrôlent-ils les ressources locales ?

Non, les "blancs" contrôlent 95 % des ressources locales.

16. Que veut dire l'expression 'ras-le-bol' ?

C'est une expression familière signifiant 'en avoir assez'.

17. Quelle est une des causes de la violence à la Guadeloupe ?

Une des causes de la violence, c'est la drogue.

18. Qu'entend-on par 'quartiers chauds' ?

Ce sont des quartiers dangereux avec une forte criminalité.

19. Quelle autre ville souffre de la violence liée au trafic de drogue ?

Pointe-à-Pitre en Guadeloupe.

20. Que veut dire Fabrice Vanheule quand il dit que les Antilles, 'c'est le paradis sur terre' ?

Ce qui en font un paradis sur terre, c'est leur beauté exceptionnelle, notamment la richesse des paysages et de leur culture.

21. A qui s'adresse le tourisme aux Antilles françaises ?

Il s'adresse aux touristes aventureux qui ne se contentent pas de passer leurs vacances au bord de la piscine et sur la plage.

22. En quoi diffère le tourisme dans les îles hispaniques ?

Ces îles offrent un tourisme de masse dit "aseptisé".

23. Que recherchent les touristes allemands et américains ?

Ils recherchent les grands complexes hôteliers préférant un tourisme sédentaire.

24. Donnez les raisons pour lesquelles on note une baisse de la fréquentation touristique aux Antilles françaises ?

Les raisons énoncées sont le mauvais accueil, les grèves, l'insécurité, et l'état des hôtels.

UNIT 8

Texte de compréhension écrite : Réponses

Voyage dans la Caraïbe anglophone

Noël au Guyana

par Xavier Cattarinich (28 ans)
En stage financé par l'ACDI au Guyana
23-27 décembre 2002

Réponses au questions de compréhension 1

1. Quelle est la saison des réjouissances au Guyana ?
C'est Noël.

2. A quelle ville ressemble Georgetown à Noël ?
Elle ressemble à Las Vegas.

3. Sur quoi sont bâties les maisons de Georgetown ?
Elles sont bâties sur pilotis.

4. Qui est le gros bonhomme auquel fait référence l'auteur ?
C'est le Père Noël.

5. De quelle religion sont les Guyaniens ?
Ils sont de religion différente. Plus de la moitié des Guyaniens sont chrétiens, le tiers est de religion hindoue et à peu près 10% est de religion musulmane.

6. En quoi Noël au Guyana diffère-t-il de Noël en Amérique du Nord ?
Le Noël au Guyana est moins matérialiste, c'est-à-dire on met l'accent sur les personnes et non pas sur les choses.

7. Quel alcool est très prisé par les Amérindiens ?
C'est un alcool à base de manioc appelé parkari.

8. Qu'est-ce qui a beaucoup surpris le jeune Canadien lors des fêtes religieuses ?

C'est le respect mutuel que se portent les différents groupes ethniques, étant données les tensions raciales et que les affiliations religieuses ont, de plus, tendance à refléter l'ethnicité.

9. Que faut-il pour établir de bons rapports avec les Amérindiens ?

Il faut faire preuve d'un peu d'humour ; un brin d'humour suffit !

Réponses aux questions de compréhension 2

10. Le jeune Canadien a-t-il décidé de passer Noël à Georgetown ?

Non, il a décidé de retourner dans l'arrière-pays.

11. Qu'est-ce qui l'empêchait d'être dans l'esprit de Noël ?

Il y a deux choses qui l'empêchaient d'être dans l'esprit de Noël : son travail et le climat, notamment la chaleur tropicale et l'absence de neige.

12. Pourquoi parle-t-il de dilemme shakespearien ?

Parce qu'il se posait la question : rester ou ne pas rester à Georgetown.

13. Comment a-t-il finalement pris sa décision ?

En tirant à pile ou face.

14. Entre quoi et quoi était-il tiraillé ?

Il était tiraillé entre son goût de la culture et son goût de l'aventure ?

15. En quoi passer les fêtes de Noël à Georgetown cela représentait-il la culture ?

Cela représentait la culture parce que le jeune Canadien aurait passé Noël avec des Guyaniens, alors que dans la jungle il a passé Noël avec d'autres expatriés canadiens.

16. Où se trouvait l'hôtel et comment était-il ?

Il se trouvait en haut des chutes Kaieteur. Ce n'était qu'un petit hôtel décrépi.

17. Qu'ont-ils mangé pour le repas de Noël ?

Ils ont mangé du poulet frit, en guise de dinde de Noël, accompagné de purée de pomme de terre froide avec une sauce aux canneberges.

Connaître l'espace caribéen : Réponses aux questions

1. Quels sont les groupes ethniques principaux du Guyana ?

Les Afro-guyaniens d'origine africaine, les Indo-guyaniens d'origine indienne et les Amérindiens natifs du pays.

2. Comment s'appelle la capitale du Guyana ?

Georgetown.

3. Où se trouve le Guyana ?

Au nord de l'Amérique latine, entre le Vénezuela à l'ouest, le Surinam à l'est et le Brésil au sud.

4. Quelle est la langue officielle ?

L'anglais.

5. De quel pays a-t-il obtenu son indépendance ? En quelle année ?

Le Guyana est une ancienne colonie britannique. Il a obtenu son indépendance de la Grande-Bretagne en 1966.

6. Quel changement politique a eu lieu au Guyana en 1970 ?

Le Guyana est devenu une république avec, à sa tête, un président élu.

7. Quel est le nombre approximatif d'habitants au Guyana ?

850 000 habitants approximativement.

8. Quelles sont les ressources principales du pays ?

Le sucre, le riz, la bauxite et l'or.

UNIT 9

TEXTE DE COMPRÉHENSION ÉCRITE : RÉPONSES

La coopération canadienne aux Antilles

Projet de l'ACDI en Haïti

Source:
Agence canadienne de développement international (ACDI)
200, promenade du Portage
Hull (Québec) K1A 0G4
Tél. : (819) 997-5006
Courriel : info@acdi-cida.gc.ca

Réponses : Connaître l'espace caribéen

En vous aidant des données démographiques, politiques et économiques qui précèdent le texte, répondez aux questions ci-dessous.

1. Comment s'appelle la capitale d'Haïti ?

Port-au-Prince.

2. En l'an 2000, à combien estimait-on la population haïtienne ?

On l'estimait à huit millions deux cent mille habitants.

3. Quelle est la longévité moyenne des Haïtiens d'après les données relevées en 1999 ?

Elle est de 54 ans.

4. Comment s'appelle la monnaie de Haïti ?

La gourde.

5. Quelles sont les principales exportations ?

Ce sont les produits d'industrie légère.

6. Sur quelles importations portent les plus grosses dépenses ?

Elles portent sur les importations de produits alimentaires.

Réponses aux questions de compréhension

1. Qu'a révélé l'Indice du développement humain du PNUD ?

Il a révélé que Haïti était le pays le plus pauvre de l'hémisphère nord, se classant 150ième sur 174.

2. Quelle est une des causes majeures de la pauvreté ?

Ce sont les inégalités persistantes.

3. Qu'est-ce qui indiquent les inégalités sociales ?

C'est que tous les Haïtiens n'ont pas accès aux soins de santé essentiels ni aux services d'éducation de base.

4. Qu'est-ce qui freine le développement économique du pays ?

C'est l'instabilité politique.

5. Qui tient à s'assurer que des programmes pour lutter contre la pauvreté soient mis en oeuvre ?

L'ACDI.

6. Le programme d'aide au développement du Canada à Haïti est-il récent ?

Non, il date de 1968.

7. Comment l'aide a-t-elle été acheminée ?

Elle a été acheminée de trois façons : par le biais des projets bilatéraux, par l'intermédiaire des programmes de partenariat et par la voie des initiatives multilatérales

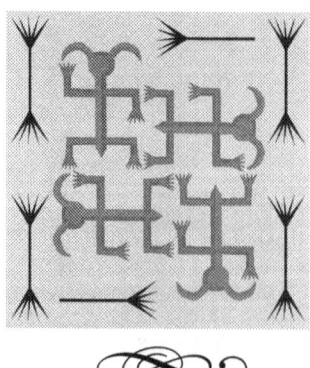

UNIT 10

Texte de compréhension écrite : Réponses

La coopération canadienne aux Antilles

Projets d'assistance technique à Haïti

Source:
Agence canadienne de développement
international (ACDI)
200, promenade du Portage
Hull (Québec) K1A 0G4
Tél. : (819) 997-5006
Courriel : info@acdi-cida.gc.ca

HAÏTI - Duly Brutus: Ambassadeur, Représentant permanent de Haïti à l'Organisation des Etats Américains

Réponses aux questions de compréhension

1. À quoi vise le premier projet d'assistance technique ?

Il vise à aider les organisations haïtiennes à gérer l'environnement du pays.

2. Quand ce projet a-t-il pris fin ?

Il a pris fin en 2000.

3. Qui a bénéficié du projet d'assistance technique ?

Ce sont les 35 000 habitants de la région de Jacmel.

4. Qu'est-ce qui indique que la décentralisation a permis une meilleure gestion d'Electricité d'Haïti ?

Elle a permis à la société de régler ses dépenses de gestion, telles que celles pour l'entretien du matériel et les salaires.

5. Dans quelle région haïtienne l'electricité est-elle fournie 24 heures sur 24 ?

Elle est fournie seulement dans la région de Jacmel, et nulle part ailleurs.

6. Pourquoi un plus grand nombre de consommateurs paient-ils leur facture d'electricité ?

Parce qu'ils sont sûrs de ne pas avoir des coupures d'electricité comme auparavant. Ils bénéficient d'une source fiable.

7. Quelle a été la durée de ce projet d'assistance technique dans le domaine de l'electricité ?

Elle a été de cinq ans.

UNIT 11

TEXTE DE COMPRÉHENSION ÉCRITE : RÉPONSES

**L'Europe et les Antilles :
Une interview d'Edouard Glissant 1**

1ière partie

Source:
Mots Pluriels
no 8. October 1998.
http://www.arts.uwa.edu.au/MotsPluriels/MP898ash.html
© Andrea Schwieger Hiepko

Réponses aux questions de compréhension 1

1. Quel phénomène linguistique peut-on noter à la Dominique ?

On peut noter l'existence de deux langues créoles en voie de disparition.

2. Dans quels autres pays caribéens ce phénomène a-t-il eu lieu ?

Il a aussi eu lieu à la Jamaïque et à Trinidad.

3. D'après James Millet, les enfants sont-ils de nos jours diglossiques ?

Non, ils ne parlent plus le créole, alors que leurs parents parlaient l'anglais et le créole.

4. Qu'est-ce qui risque de faire disparaître le créole ?

C'est de le considérer comme étant seulement une langue exotique, folklorique et de complaisance.

5. Pourquoi est-il nécessaire de combattre la disparition des langues ?

Parce que la langue évoque l'imaginaire du monde; elle transmet une vision du monde qui est spécifique à ses locuteurs.

6. Pourquoi Edouard Glissant dit-il que que "le créole commençait à se patoiser"?

Parce qu'il devenait un parler propre à une région limitée.

Réponses aux questions de compréhension 2

7. Edouard Glissant suggère-t-il que le créole doit-être la seule langue de son pays ?

Non, il refuse le monolinguisme, c'est-à-dire de défendre le créole de manière excluante.

8. Comment Glissant distingue-t-il le concept de créolisation de celui de créolité ?

La créolisation fait preuve d'une conception diachronique de la langue et de la culture. En revanche, la créolité donne une perspective synchronique, limitée à un endroit et à un moment donné.

9. Quelles sont les attitudes possibles vis-à vis de la relation entre les langues créole et française ?

Il y en a deux. La première c'est de créoliser le français, la deuxième c'est de le transformer.

10. Comment ces attitudes se traduisent-elles ?

Elles se traduisent soit par un enrichissement du français en l'innervant soit par l'évident excès démesuré de créolisation, c'est-à-dire ayant un caractère complètement hypertrophié et parfois schizophrénique.

11. Quels écrivains utilisent une manière manifeste d'écrire ?

Chamoiseau et Confiant.

UNIT 12

Texte de compréhension écrite : Réponses

**L'Europe et les Antilles :
Une interview d'Edouard Glissant 2**

2ière partie

Source:
Mots Pluriels
no 8. October 1998.
http://www.arts.uwa.edu.au/MotsPluriels/MP898ash.html
© Andrea Schwieger Hiepko

Réponses aux questions de compréhension

1. Que fait Edouard Glissant depuis des décennies ?

Il se bat pour l'autonomie et l'indépendance des Antilles françaises.

2. Pourquoi revendique-t-il l'indépendance de la Martinique ?

Pour qu'elle ne soit confondue avec quelque chose qui n'est pas sa réalité, ses intentions, ses consciences.

3. Depuis un siècle, qu'ont fait les Caribéens ?

Ils sont allés ailleurs, hors de la Caraïbe. Glissant leur reconnaît une espèce d'errance qui les place à l'opposé de l'enfermement.

4. Où est-ce que Glissant a passé son enfance ?

Il l'a passée à Lamentin, en Martinique.

5. Glissant parle d'un "mouvement qui est irréversible" ? Quel est-il ?

Glissant fait allusion au mouvement de rapprochement entre les pays de la Caraïbe.

6. Pour Glissant, que signifie la créolisation ?

C'est de rentrer dans l'univers caribéen.

7. Qu'est-ce qui indique la poussée indépendantiste ?

Ce sont les résultats des dernières élections; près de la moitié des voix ont été obtenues par le parti indépendantiste.

8. Quel genre de littérature Glissant considère-t-il comme "pathétique" ?

La littérature d'assimilation qui indique un refus de soi, et cela sans le savoir.

9. Qu'est-ce que le doudouisme ?

C'est la littérature folklorique.

10. Glissant est-il un "doudouiste" ?

Non, c'est un romancier, un poète, un essayiste.

11. Glissant consacre-t-il tout son temps à écrire ? Pourquoi ?

Non, il ne peut pas car il a d'autres obligations professionnelles, telles que son poste de professeur à l'université de New York, celui de Vice-Président du Parlement international des Ecrivains et sa participation à des conférences dans le monde entier.

12. Le soir, que raconte Edouard Glissant à son fils ?

Il lui raconte l'histoire qu'il est en train d'écrire.

UNIT 13

Texte de compréhension écrite : Réponses

La politique en métropole

Une année décisive pour Jean-Pierre Raffarin

Source:
Agence France Presse (AFP)
mercredi 1er janvier 2003

Réponses aux questions de compréhension

1. Qui est Jean-Pierre Raffarin ?

C'est le Premier ministre

2. Comment s'est caractérisée la politique du Premier ministre depuis son arrivée à Matignon ?

Elle s'est caractérisée entre un équilibre en faveur, tour à tour, des plus défavorisés et des plus aisés, des salariés et des entreprises.

3. Quelles sont les mesures prises par le Premier ministre qui n'avaient pas l'appui de ses ministres ?

Les trois mesures qui n'avaient pas reçu l'appui de ses ministres étaient la hausse des tarifs de l'Electricité de France (EDF), l'augmentation de la redevance de télévision et le renouvellement de la prime de Noël pour les chômeurs.

4. Comment Jean-Pierre Raffarin compte-t-il combler le trou de l'assurance-chômage ?

Il compte combler le trou de l'assurance-chômage en diminuant les droits des chômeurs et en augmentant les cotisations des salariés et des entreprises.

5. Comment le Premier ministre décrit-il son approche ? Citez un exemple de sa réussite.

Il décrit son approche "la méthode Raffarin" comme une méthode étant faite d'écoute et de fermeté. Un de ses premiers succès est d'avoir évité le conflit des routiers.

6. Que montre le relèvement des budgets de l'Intérieur, de la Défense et de la Justice ?

Cela montre la volonté du Premier ministre de s'attaquer au problème de la sécurité.

7. En quoi le budget 2003 est-il un budget de transition ?

En ce qu'il maintient les déficits publics élevés pour l'année 2003. Toutefois le budget 2004 verra une réduction de ces déficits pour respecter les engagements européens.

8. Sera-t-il facile pour le Premier ministre de maintenir les dépenses publiques ? Comment pense-t-il procéder ?

Cela parait difficile compte tenu que le Premier ministre tente de réduire les déficits budgétaires, l'économie est en stagnation et la situation politique est incertaine. Cependant, ce dernier a déclaré avoir plusieurs plans d'action pour essayer de les maintenir.

Recherche de vocabulaire

1. Trancher, juger : arbitrer
2. Augmenter un tarif : relever un tarif
3. Renouveler une prime : reconduire une prime
4. Prendre une position contraire : prendre le contre-pied
5. Remettre à plus tard : différer
6. Situation économique : conjoncture

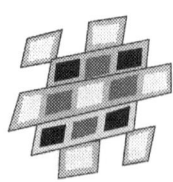

PART 5

ANSWERS TO LISTENING COMPREHENSIONS

Part 5: Answers to listening comprehension

A: Short listening items

Unit 15: A la recherche d'un emploi : La lettre de motivation

Unit 16: A la recherche d'un emploi : Etre proactif

Unit 17: A la recherche d'un emploi : L'entretien

Unit 18: Emigrer ou non ?

B: Long listening passages

Unit 19: Visite aux Antilles : Trinité-et-Tobago, Haïti, Guyane

Unit 20: La nouvelle « Île-de-France antillaise »

Unit 21: La circonscription de Fort de France 1 est en ligne !

Unit 22: Les Antilles : Coup d'oeil sur le passé

Unit 23: Radio Haïti cesse d'émettre pour raisons de sécurité

PART 5A

ANSWERS TO SHORT LISTENING COMPREHENSIONS

UNIT 15

Texte de compréhension auditive : Réponses

Rebondir

A la recherche d'un emploi : conseils pratiques

Source:
wanadoo.fr
mardi 27 mai 2003

1ière partie : La lettre de motivation

1 Comment rédiger une candidature spontanée ?

Plus d'un tiers des postes est pourvu à la suite de candidatures spontanées. Une donnée parfois négligée lors d'une recherche d'emploi. Alors si vous préférez l'offensive à l'attente passive, saisissez votre stylo et prouvez votre détermination.

2 Comment répondre à une annonce ?

Le mode de présélection a changé. Désormais, les lettres de réponse à une annonce sont toutes étudiées à la loupe et certains erreurs ne pardonnent plus. Un exercice périlleux, même si vous pensez correspondre au profil requis.

3 Susciter l'intérêt

30 secondes top chrono ! C'est le temps que prend en moyenne un recruteur pour lire, une première fois, votre lettre... et se faire une idée de vous. Tout se joue donc dès les premières lignes. A bichonner particulièrement.

4 Bien écrire

Un recruteur consultera souvent votre lettre avant de se pencher sur votre CV. Evitez donc de l'agresser visuellement avec une missive mal écrite et bourrée de fautes. Mais surtout, soyez percutant !

5 La lettre de recommandation

Une lettre de recommandation jointe à votre candidature augmente sensiblement vos chances de succès. On obtient en moyenne un rendez-vous pour 100 lettres classiques envoyées. Avec une lettre documentée et une relance téléphonique, deux pour dix. Avec une lettre documentée avec recommandation, six pour dix !

6 Comment relancer votre candidature ?

Sans relance, une lettre de motivation n'est qu'une bouteille à la mer. Car il faut assurer le suivi d'une candidature, même brillante, pour qu'elle aboutisse. La relance est pour l'employeur un bon moyen d'évaluer votre détermination. Pour vous, un moment clé de votre recherche d'emploi.

7 Décrochez un job par relation

Le piston est mort, vive la recommandation ! A condition de la faire oublier une fois en poste. Les recruteurs sont formels : si une personne recommandée ne convient pas, elle ne reste pas. Créer son réseau, c'est multiplier ses chances de recouvrer un emploi et rompre la solitude.

Réponses aux questions de compréhension auditive

1. Combien de postes sont pourvus à la suite de candidatures spontanées ?

Plus d'un tiers.

2. En quoi le mode de présélection a-t-il changé ?

On étudie à la loupe les lettres de réponse à une annonce et certaines erreurs ne pardonnent plus.

3. Combien de temps met le recruteur à lire pour la première fois une lettre de motivation ?

Il met 30 secondes top chrono.

4. Que fera le recruteur après avoir lu votre lettre de motivation ?

Il se penchera sur votre CV.

5. Donnez deux façons d'améliorer vos chances de succès à votre candidature.

Pour augmenter ses chances de succès on peut téléphoner et joindre une lettre de recommandation à sa candidature.

6. Pour l'employeur qu'indique la relance ?

Elle indique la détermination du candidat à obtenir le poste.

7. Comment obtenait-on souvent un emploi auparavant ?

On l'obtenait souvent par le piston.

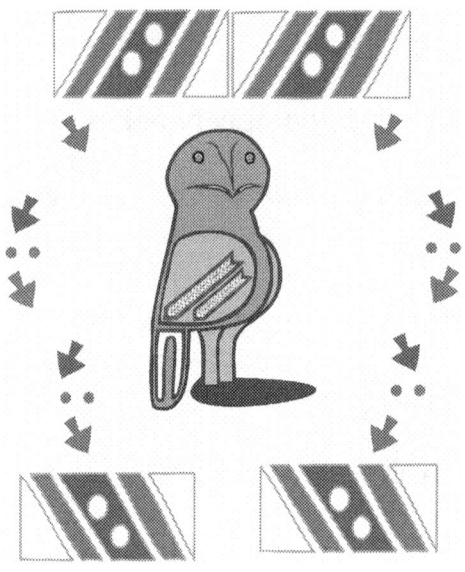

UNIT 16

Texte de compréhension auditive : Réponses

Rebondir

A la recherche d'un emploi : conseils pratiques

Source:
wanadoo.fr
mardi 27 mai 2003

2ière partie : La lettre de motivation

1 Profitez de la pénurie de candidats

Le rapport de force entre entreprises et salariés s'inverse enfin : certains secteurs se voient confrontés à une véritable pénurie de main-d'œuvre. Une belle opportunité pour rebondir et négocier !

2 La recherche d'emploi à 50 ans

A 50 ans, on est doté d'une sacrée expérience ! Pourtant, prendre le tournant de la cinquantaine quand on est au chômage n'a rien d'évident : il vous faut avant tout rassurer les employeurs potentiels. Et c'est déjà tout un boulot.

3 Des jobs minute

Dénicher en quelques heures ou quelques jours un emploi qui offre des perspectives d'évolution ? C'est possible ! Avec ou sans diplôme, la panoplie des jobs étudiants ouvre ses portes à tous, avec différentes formules à la carte.

4 Miser sur un cabinet de recrutement

On les appelle les chasseurs de têtes. Leur mission : traquer les meilleurs profils pour les présenter à leurs clients, des entreprises en quête de nouvelles recrues. Autrefois réservé aux cadres supérieurs, ce mode de recrutement s'élargit aux non cadres.

5 Ecrire à un chasseur de têtes

Où les cabinets de recrutement trouvent-ils leurs candidats ? Trois possibilités : l'approche directe, les réponses aux annonces ou les candidatures spontanées. N'hésitez pas à écrire, car avec une candidature adaptée, vous pourriez bien être retenu.

6 La lettre de relance

Après un premier envoi, rares sont les candidats qui relancent les entreprises. Pourtant, les recruteurs ne manquent pas de remarquer l'intérêt que vous leur portez. Au point souvent d'accepter un entretien oral.

7 La graphologie : comment ça marche ?

Que vous la preniez au sérieux ou non, vous n'y échapperez pas ! Une grande majorité des entreprises recourt à la graphologie lors d'un recrutement et étudie votre écriture à la loupe pour cerner votre personnalité.

8 Se préparer à l'épreuve de graphologie

En entretien, vous soignez votre tenue vestimentaire et mesurez vos propos. En graphologie, investir une page de papier blanc revient un peu au même ! Une lettre claire et aérée vous aidera à vous présenter sous votre meilleur jour.

9 Graphologie : les droits des candidats

Critiquée, contestée, la graphologie, utilisée lors des procédures de recrutement, fait couler beaucoup d'encre ! Pourtant, son utilisation est légale, et aucune loi ne l'interdit. En revanche, la loi Aubry du 31 décembre 1992 relative au recrutement et aux libertés individuelles la réglemente.

Réponses aux questions de compréhension auditive

1. Qu'est-ce qui offre une "belle opportunité pour rebondir et négocier" au candidat ?
C'est la pénurie de main-d'oeuvre dans certains secteurs.

2. Pour qui est-ce "un boulot" de rassurer les employeurs potentiels ?
Pour les chômeurs ayant atteint la cinquantaine.

Unit 16: A la recherche d'un emploi 2 : La lettre de motivation

3. Quels emplois semblent offrir des perspectives d'évolution ?

Ce sont les jobs étudiants.

4. Que font les chasseurs de tête ?

Ils traquent les meilleurs profils pour les présenter à leurs clients. Ces clients sont des entreprises en quête de nouvelles recrues.

5. Comment se mettre en contact avec un cabinet de recrutement ?

Pour se mettre en contact avec un cabinet de recrutement, on peut utiliser une approche directe, ou répondre aux annonces, ou encore envoyer une candidature spontanée.

6. Que font souvent les recruteurs quand un candidat les a relancés ?

Ils acceptent un entretien oral.

7. Quel est le but de la graphologie ?

C'est d'étudier l'écriture d'un candidat afin d'en cerner sa personnalité.

8. Qu'est-ce qui permet au candidat de se présenter sous son meilleur jour ?

C'est d'envoyer une lettre claire et aérée.

9. Est-ce que la loi Aubry du 31 décembre 1992 interdit l'utilisation de la graphologie ?

Non, mais elle la réglemente.

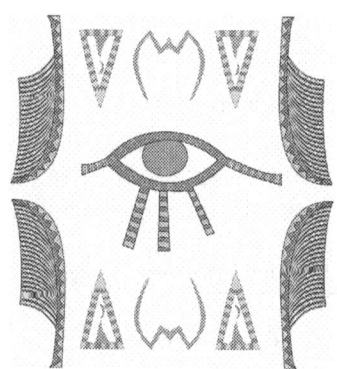

UNIT 17

Texte de compréhension auditive : Réponses

Rebondir

A la recherche d'un emploi : conseils pratiques

Source:
wanadoo.fr
mardi 27 mai 2003

3ième partie : L'entretien

1 Les étapes de la sélection dans un cabinet de recrutement

Vous avez été présélectionné par un cabinet de recrutement. Avant de décrocher le ticket gagnant, armez-vous de patience et de ténacité. Car vous allez être examiné sous toutes les coutures ! Sur la sellette ? Votre personnalité et vos compétences.

2 L'entretien de recrutement

Vous avez répondu à une annonce ou expédié une candidature spontanée : et vous voici convoqué pour un entretien ! Respirez... c'est que votre CV a retenu l'attention. Reste à convaincre le recruteur que vous êtes la bonne personne à engager.

3 L'entretien d'embauche à 50 ans

Convoqué pour un entretien, vous avez des craintes liées à votre âge. Rassurez-vous : elles sont souvent amplifiées et, si un recruteur vous sollicite, c'est que votre candidature l'intéresse. Votre seule difficulté, surmonter les préjugés. Prouvez que vous n'êtes pas dépassé par la technique !

4 Comment passer un entretien par relation

Vous avez su tisser votre réseau et décrocher un rendez-vous. Attention, ne confondez pas ce rendez-vous avec un entretien de recrutement. Il doit vous apporter informations, idées et conseils pour vous aider à consolider votre projet.

5 S'entraîner à un entretien de recrutement

Avec un marché de l'emploi qui sourit aux salariés, les candidats n'ont plus à se vendre avec autant d'acharnement. Pourtant, un recruteur reste intimidant. Alors, pour mettre le maximum de chances de votre côté, rien de tel qu'une bonne préparation.

6 Entretien de recrutement : connaître ses classiques

Quelles sont vos ambitions, que pensez-vous nous apporter, parlez-nous de vous... Bien loin du questionnaire de Proust, l'entretien d'embauche a pourtant lui aussi ses incontournables. A potasser avant le grand jour.

7 Entretien : les questions pièges

"Pourquoi n'avez-vous pas trouvé de travail pendant si longtemps ? Qu'avez-vous fait entre vos deux diplômes ?" Non, vous n'êtes pas au temps de l'Inquisition, mais face à un recruteur qui veut être sûr de son choix. Autant repérer à l'avance ce qu'il risque de pointer du doigt sur votre CV.

8 Réussir sa négociation à l'embauche

Les employeurs le savent : très peu de candidats se risquent à négocier leur salaire. Certains vont même jusqu'à se brader en cours de négociation. Erreur de stratégie. Car une fois le contrat signé, difficile de revenir en arrière.

9 Prospecter quand on est en poste

"Que va dire mon employeur s'il apprend que je recherche un emploi" ? Qui souhaite quitter son entreprise a l'impression de trahir sa seconde famille. Pourtant la mobilité est un bienfait pour les salariés et ce sont les recruteurs qui le disent !

Réponses aux questions de compréhension auditive

1. A quoi doit s'attendre le candidat une fois qu'il a été présélectionné ?

Il doit s'attendre à être mis sur la sellette et être examiné sous toutes les coutures.

2. Que doit faire le candidat après avoir été présélectionné ?

Il doit convaincre le recruteur qu'il est la bonne personne à engager.

3. Que doit prouver un candidat âgé de cinquante ans ?
Il doit prouver qu'il n'est pas dépassé par la technique.

4. Quelle est l'utilité d'un entretien par relation ?
C'est d'apporter des informations, des idées et des conseils utiles qui peuvent servir à consolider le projet du demandeur d'emploi.

5. Comment apparait le recruteur pour le candidat ?
Il apparait intimidant.

6. Peut-on prédire les questions posées lors d'un entretien de recrutement ?
Oui, car il y a des incontournables tels que demander au candidat de parler de lui.

7. Quelles sont les intentions du recruteur quand il pose des questions inquisitrices ?
C'est de s'assurer qu'il fait le bon choix.

8. Qu'est-ce que les candidats hésitent à faire à l'embauche ?
Ils hésitent à négocier leur salaire.

9. Qu'est-ce qui est un bienfait pour les salariés selon les recruteurs ?
C'est la mobilité, c'est-à-dire de se mettre à la recherche d'un autre emploi.

UNIT 18

TEXTE DE COMPRÉHENSION AUDITIVE : RÉPONSES

Rebondir

Source:
wanadoo.fr
mardi 27 mai 2003

Les dossiers en partenariat avec

This listening comprehension consisted of eight short passages. Each was followed by a question.

1 Les démarches avant de partir à l'étranger

Avant de boucler votre valise, n'oubliez pas d'être en règle. Sinon, inutile de passer la frontière. Prévoyez deux semaines pour effectuer les démarches indispensables si vous émigrez dans l'espace européen, un bon mois aux Etats-Unis ou au Canada. Et plus ailleurs.

> *Vocabulaire*
>
> - être en règle: to be in order
> - prévoir: to reckon on, to anticipate
> - une démarche: procedure, step

1. Combien de temps prennent les démarches pour émigrer ?

Elles prennent deux semaines dans l'espace européen, un bon mois aux Etats-Unis ou au Canada et plus ailleurs.

2 Un visa pour travailler aux Etats-Unis

Obtenir un visa pour s'installer aux Etats-Unis rime avec parcours du combattant. Le plus souvent, vous n'avez d'autre choix que de miser sur un visa temporaire. Pour l'acquérir, vous devez déjà avoir trouvé un emploi sur place.

> **Vocabulaire**
> - steprimer: to rhyme
> - le parcours du combattant: to go round an assault course

2. Que faut-il faire pour travailler aux Etats-Unis ?

Il faut d'abord trouver un emploi sur place puis essayer d'obtenir un visa temporaire.

3 Eviter les pièges de l'expatriation

Vous rêvez de poser vos valises à l'autre bout de la planète ? Pour un an ou pour la vie, un départ se prépare sérieusement. Car si l'expatriation n'est plus réservée aux cadres de haut niveau, il est parfois bien difficile de se faire une place au soleil.

3. L'expatriation est-elle toujours enviable ?

Pas toujours car il est parfois bien difficile de se faire une place au soleil.

Unit 18: Emigrer ou non ?

4 Présenter sa candidature à l'étranger

Pas d'emploi à l'étranger sans candidature adaptée. Aux Etats-Unis, en Espagne, au Japon ou en Allemagne, CV et lettre de motivation ont leurs propres spécificités. Il ne suffit pas de manier la langue avec dextérité, il faut aussi connaître les us et coutumes des employeurs. A vos plumes !

Vocabulaire

- avec dextérité: dextrously, skilfully
- les us et coutumes: (habits and) customs
- à vos plumes !: take your pens!

4. Comment doit-être une lettre de motivation envoyée à l'étranger ?

Elle doit être adaptée aux spécificités du pays.

5 S'installer au Québec : obtenir son visa

Obtenir un visa pour le Québec est plus facile qu'ailleurs. Cependant, l'immigration privilégie des candidats jeunes, diplômés et francophones. Et le parcours pour l'obtenir ressemblerait presque au jeu de l'Oie tant les étapes sont nombreuses.

Vocabulaire

- le jeu de l'Oie: (board game similar to) snakes and ladders

5. Quelles conditions faut-il remplir pour émigrer au Québec ?

Il faut être jeune, diplômé et francophone.

6 S'installer au Québec

Bienvenue au Québec ! La Belle Province est actuellement l'un des endroits de la planète où l'on peut s'installer le plus facilement. C'est même le seul pays francophone qui recherche activement des immigrants. Il y a là tout un pays à peupler, et une langue à préserver.

6. Pourquoi est-il plus facile de s'installer au Québec ?

Parce que le pays recherche activement des immigrants.

7 Où s'installer au Québec ?

Bienvenue dans le pays des grands espaces. Si vous aimez la nature tout en supportant les grands froids, le Québec est fait pour vous. Même les maisons en bois perdues en pleine forêt sont dotées du plus grand confort. Il ne reste qu'à choisir sa région.

7. A qui convient la vie au Québec ?

A ceux qui aiment les grands froids et la nature.

8 S'installer au Québec : dans quels secteurs

Forte création d'emplois, augmentation des investissements privés, croissance soutenue des exportations. Le Québec a le vent en poupe ! Mais attention, si l'embauche par e-mail y est fréquente, le licenciement minute aussi.

Vocabulaire

- le vent en poupe: to run before the wind
- le licenciement: dismissal

---

8. Quels sont les indicateurs de la croissance économique du Québec ?

Ce sont la forte création d'emplois, l'augmentation des investissements privés et la croissance soutenue des exportations.

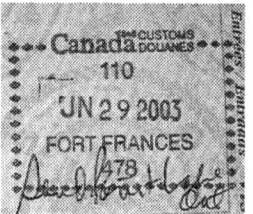
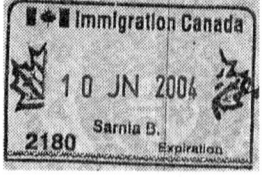

PART 5B

ANSWERS TO LONG LISTENING COMPREHENSIONS

UNIT 19

Texte de compréhension auditive : Réponses

Visite aux Antilles

A Trinité-et-Tobago

Source:
L'Express du 07/02/2002
par Pascale Desclos

Carnaval, mode d'emploi

A la Trinité, on prépare le carnaval pendant six mois de l'année et l'on consacre les six autres mois à s'en remettre !

La fête dure quatre jours, du dimanche de "J'ouvert" au mercredi des Cendres. Elle a lieu cette année du 10 au 13 février. Pour intégrer un groupe, comptez environ 150 euros, costume, musique et boissons inclus. On réserve sur place, dans les ateliers, mais le site Internet www.carnivaltnt.com offre une présentation détaillée des groupes. Notre favori: Callaloo Company (Peter Minshall), Ariapita av., Port of Spain.

Coups de cœur

A Port of Spain, admirez les maisons coloniales de Savannah Park et passez un dimanche à la plage de Maracas Bay. Pour assister aux répétitions des steel bands, invitez-vous dans les panyards, comme Amoco Renegades, 17 A Oxford Street.

Pour découvrir la "rainforest" et ses oiseaux multicolores, visitez le parc ornithologique Asa Wright Nature Center, à Arima (667-46-55), ou explorez en bateau le sanctuaire de Caroni, avec ses ibis rouges, somptueux sur fond de coucher de soleil! 645-13-05.

A Tobago, ne ratez pas l'entraînement des petits drivers de Buccoo pour la grande course de chèvres (en avril prochain). Speyside est l'un des plus beaux spots de plongée sous-marine.

UNIT 19: VISITE AUX ANTILLES: TRINITÉ-ET-TOBAGO, HAÏTI, GUYANE 153

Réponses aux questions de compréhension auditive

1. Que prépare-t-on à Trinité ?
On prépare le carnaval.

2. Combien de temps durent les préparations ?
Elles durent six mois.

3. De quand à quand dure la fête ?
Elle dure de "J'ouvert" au Mercredi des Cendres.

4. Combien cela coûte pour intégrer un groupe ?
Cela coûte à peu près 150 euros.

5. Que peut-on admirer à Port of Spain ?
Les maisons coloniales de Savannah Park.

6. A quoi peut-on assister dans les panyards ?
Aux répétitions des steel bands.

7. Que va-t-il y avoir en avril prochain ?
Il va y avoir une grande course de chèvres.

B. Haïti

Source: L'express du 14/06/2000
par Élia Imberdis

Bon à savoir

Ce pays s'adresse aux voyageurs avertis. Comme dans beaucoup de villes et pays du monde: Bogota, Mexico, Addis-Abeba, Antananarivo, Jamaïque, etc. (la liste serait trop longue), un touriste harnaché de tout son matériel photo, d'une "banane", d'un sac à dos et de bijoux est une proie évidente. Il est également vivement conseillé d'éviter de se balader à la tombée de la nuit non seulement à Port-au-Prince, mais dans toute l'île. Impératif: prévoir aussi une bonne assurance rapatriement avant le départ.

Ce pays s'adresse aux voyageurs (1) _____ . Comme dans beaucoup de villes et pays du monde: Bogota, Mexico, Addis-Abeba, Antananarivo, Jamaïque, etc. (la liste serait trop longue), un touriste (2) _____ de tout son matériel photo, d'une "banane", d'un (3) _____ et de bijoux est une proie évidente. Il est également vivement conseillé d'éviter de (4) _____ à la tombée de la nuit non seulement à Port-au-Prince, mais dans toute l'île. Impératif: prévoir aussi une bonne assurance (5) _____ avant le départ.

(1)	avertis		(4)	se balader
(2)	harnaché		(5)	rapatriement
(3)	sac à dos			

C. La Guyane

Source: L'express du 14/06/2000
par Elia Imberdis

Où se trouve la Guyane?

Située entre le Suriname et le Brésil, la Guyane est un département français d'outre mer de 91 0000 km2 principalement couvert par la forêt.

Véritable quadrilatère, la Guyane est bordée au Nord, par l'Atlantique, à l'Ouest par le fleuve Maroni qui la sépare du Suriname, à l'Est, par le fleuve frontière avec le Brésil, l'Oyapock, et les collines du Mont Tumuc Humac au sud.

Le Brésil est le géant de l'Amérique du Sud, avec ses 8 512 000 km2 et ses 154 millions d'habitants. Il fût découvert en 1500 et devint très vite possession de le famille royale portugaise. C'est en 1822 avec la fuite du roi portugais vers Rio de Janeiro que le Brésil devient indépendant. Le Brésil, après avoir connu une période d'instabilité politique, est aujourd'hui une république fédérale qui c'est dotée d'une constitution en 1988.

Une piste reliera Régina à Saint Georges dès 2002.

Le Suriname, état de 163 265 km2 et 400 000 habitants, est resté jusqu'en 1975 néerlandaise, c'est pourquoi on y parle encore le hollandais. C'est aujourd'hui une république qui connaît depuis quelques années une certaine stabilité politique.

Un bac permet de traverser quotidiennement le Maroni pour relier le Suriname.

Réponses aux questions de compréhension auditive

1. Quel est le statut politique de la Guyane ?
C'est un département français d'outre-mer.

2. Qu'est-ce qui sépare la Guyane du Brésil ?
L'Oyapock qui est un fleuve frontière.

3. Quelle est la superficie du Brésil ?
La superficie du Brésil fait 8 512 000 km2.

4. Quand le Brésil a-t-il obtenu son indépendance et de quel pays colonisateur ?
Le Brésil a obtenu son indépendance du Portugal en 1822.

5. Que s'est-il passé en 1988 ?
Le Brésil s'est doté d'une constitution.

6. Pourquoi parle-t-on le hollandais au Suriname ?
Parce que c'était une colonie néerlandaise.

7. Qu'est-ce qui relie la Guyane au Suriname ?
C'est un bac qui fait la traversée quotidiennement.

UNIT 20

Texte de compréhension auditive : Réponses

La communauté antillaise en métropole

5ième partie: La nouvelle " Île-de-France antillaise "

Texte de compréhension auditive A

Cette dynamique - cet enracinement nouveau - a une triple conséquence. La première est de transformer les rapports que les populations des Antilles (celles d'ici et celles de là-bas) entretiennent avec la "France", d'en changer la nature en tant qu'espace de référence, de modifier la place qu'il n'a cessé d'occuper dans la conscience et l'imaginaire antillais.

Pour les fils de l'immigration, la France n'est plus ce lieu d'où l'on peut rêver à un prochain retour au pays natal. Elle est lieu de naissance, sinon déjà terre d'origine. Avec eux - et quoi qu'elle veuille - la France elle aussi se transforme. Mais, avec eux, se transforme plus encore son mythe dans l'imaginaire antillais. Les figures traditionnelles du colonisateur dénoncé par les uns, ou de la mère-patrie vénérée par les autres, éclatent. Figures d'autant plus mythiques que lointaines. S'y substitue la réalité nouvelle de la France, comme lieu de vie de populations antillaises, comme lieu de référence de nouvelles réalités. À l'alternative d' "être ici ou là-bas", se substitue l'impératif de "se penser d'ici et de là-bas". De se construire sa nouvelle "Île-de-France antillaise". Et parce qu'elle est déjà - de longue date - un lieu de mémoire, les nouvelles "souches" peuvent (paradoxe ?) y puiser matière à penser leurs multiples racines.

En convenir, c'est admettre aussi que ce nouveau "territoire antillais" a vocation à bouleverser les schémas de pensée, les processus individuels et collectifs d'identification, les modes de représentation de soi, les stratégies culturelles et politiques de tous ceux qui se revendiquent comme Antillais. Ici et là-bas. Avec le risque aussi que se fassent plus visibles et plus violentes les divergences d'intérêts, de stratégies, de visions du monde peut-être... entre ici et là-bas.

La seconde conséquence de cet enracinement nouveau est qu'il modifie la dynamique des interrelations caribéennes. Un bouleversement d'autant plus vif que, parallèlement, se modifient et se renouvellent les territoires de l'échange. Y concourent ceux qui, en pareil "transbord" à Londres ou à New York et, à un degré moindre, à

Amsterdam, y construisent eux aussi leurs nouveaux espaces caribéens. Une nouvelle dynamique de la relation prend donc forme, qui s'ouvre à de nouveaux réseaux, à de nouvelles filières de circulation des biens et des modèles culturels. La troisième conséquence, enfin, est le renforcement de la probabilité de divergences d'intérêts et de stratégies entre les populations antillaises d'ici et de là-bas.

L'image de la nouvelle "Île-de-France antillaise" que nous utilisons a précisément pour fonction de signifier ces mutations et leurs effets symboliques. Si l'on en croît Maurice Halbwachs, un groupe se pense et se survit dans sa mémoire collective, laquelle n'existe que dans la trace physique qui la matérialise dans l'espace.

Source:
20 février 2003
Adri © 2001 - Tous droits réservés
webmaster@adri.fr

Réponses aux questions sur texte ci-dessus

1. Combien de conséquences de cet enracinement nouveau sont notables ?
Trois conséquences.

2. Quelle est la première conséquence mentionnée ?
C'est la transformation des rapports des populations des Antilles avec la France.

3. Pour qui les Antilles ne sont-elles plus le pays natal ?
Elles ne le sont plus pour les fils de l'immigration nés en France.

4. Comment les Antillais représentaient-ils la France traditionnellement ?
Ils la représentaient soit en colonisateur soit en mère-patrie.

5. Quelle réalité nouvelle s'est substituée à la conception traditionnelle de la France ?
La réalité nouvelle reconnait la France comme lieu de vie de populations antillaises.

6. A quoi fait référence le nouveau "territoire antillais" ?
Il fait référence à la nouvelle "Île-de-France antillaise".

7. Quelle est la deuxième conséquence de cet enracinement nouveau ?
C'est la modification de la dynamique des interrelations caribéennes.

8. Dans quelles autres villes se construisent aussi de nouveaux espaces caribéens ?
A Londres, New York et à un degré moindre, Amsterdam.

9. Quelle est la troisième conséquence de cet enracinement nouveau ?
C'est le renforcement des divergences d'intérêts et de stratégies entre les Antillais des métropoles et ceux des Antilles.

10. Que signifie l'image de la nouvelle "Île-de-France antillaise" ?
Elle signifie ces mutations et leurs effets symboliques.

Réponses à l'activité auditive B

(1)	commémoration	(5)	territoire
(2)	lieux	(6)	déni
(3)	visibles	(7)	transbord
(4)	imaginaires		

UNIT 21

TEXTE DE COMPRÉHENSION AUDITIVE : RÉPONSES

La circonscription de Fort de France 1 est en ligne !

> *Vocabulaire*
>
> - la circonscription: district, area
> - l'académie: regional education authority
> - héberger: to lodge
> - les tâtonnements: experimentation, trial and error
> - le tissu: fabric
> - dédier à: to dedicate to
> - un dispositif: device, mechanism
> - le rayonnement: influence, extension
> - la mise en oeuvre: implementation
> - la formation permanente: continuing education
> - TIC: Technologie de l'Information et de la Communication
> - ZEP: Zone d'éducation prioritaire

La circonscription de Fort de France 1 est en ligne !

Ce site, hébergé sur le serveur de l'académie propose des ressources éducatives, des informations pratiques, et des conseils pédagogiques. Ce nouvel outil, en évolution permanente voudrait faire partager aux visiteurs les projets d'actions éducatives, les tâtonnements, les réussites, les difficultés et les bonheurs qui font le tissu de la vie scolaire quotidienne des écoles de la circonscription.

L'objectif visé, à terme, est de faire du site de la circonscription de Fort-de-France 1, un véritable outil de formation professionnelle permanente dédié aux enseignants et un dispositif privilégié pour l'accompagnement du développement des usages des TIC et la mise en œuvre du B2I dans les classes.

Mots de l'inspectrice de Fort de France 1

J'ai le plaisir de vous présenter le site de la circonscription de Fort-de-France 1.

Au delà de notre contribution au rayonnement de l'Académie Martinique dans le système éducatif français, il est avant tout un support d'information et de formation.

Si les premières pages qui vous sont offertes sont essentiellement informatives, elles ont été préparées selon la logique d'élaboration des projets. En effet, qu'il s'agisse de la présentation de la circonscription ou des structures spécifiques ZEP et REP qui l'organisent, de clic en clic vous évoluerez de l'état des lieux à la définition d'objectifs prioritaires, puis à la détermination des actions à mettre en œuvre et à leur évaluation.

Un espace réservé aux écoles attend les propositions des équipes. Ce lieu d'échange voudrait faire partager aux visiteurs les projets d'actions éducatives, les tâtonnements, les réussites, les difficultés et les bonheurs qui font le tissu de la vie scolaire quotidienne des écoles de la circonscription. Vite, à vos claviers !

Prochainement le site s'enrichira d'outils de 'groupware' pour favoriser le travail collaboratif entre enseignants. L'objectif visé, à terme, est de faire du site de la circonscription de Fort-de-France 1, un véritable outil de formation professionnelle permanente dédié aux enseignants et un dispositif privilégié pour l'accompagnement du développement des usages des TIC et la mise en œuvre du B2I dans les classes.

Bonne navigation et merci de votre visite !

A bientôt.

Dominique Saint-Prix Bertholo

Réponses aux questions sur l'enregistrement

1. Où se trouve le site de Fort de France 1 ?

Il se trouve sur le serveur de l'académie.

2. Que peut-on y trouver ?

On peut y trouver des ressources éducatives, des informations pratiques, et des conseils pédagogiques.

Unit 21 : La circonscription de Fort de France 1 est en ligne ! 161

3. Ce site, à qui s'adresse-t-il principalement ?

Il s'adresse principalement aux enseignants.

4. Citez deux fonctions attestant de l'utilité de ce site à l'avenir ?

Ce site est conçu comme outil de formation professionnelle permanente pour les enseignants et comme accompagnement du développement des TIC.

5. Dans quelle académie se trouve le site ?

Il se trouve dans l'Académie de Martinique.

6. D'après l'inspectrice de Fort de France 1, comment ont été préparées les premières pages ?

Elles ont été préparées selon la logique d'élaboration des projets.

7. Quelles sont les quatre étapes par lesquelles on évolue en cliquant ?

Ce sont : l'état des lieux, la définition d'objectifs prioritaires, la détermination des actions à mettre en oeuvre et leur évaluation.

8. Que permettront bientôt de faire les outils de 'groupware' ?

Ils permettront le travail collaboratif entre enseignants.

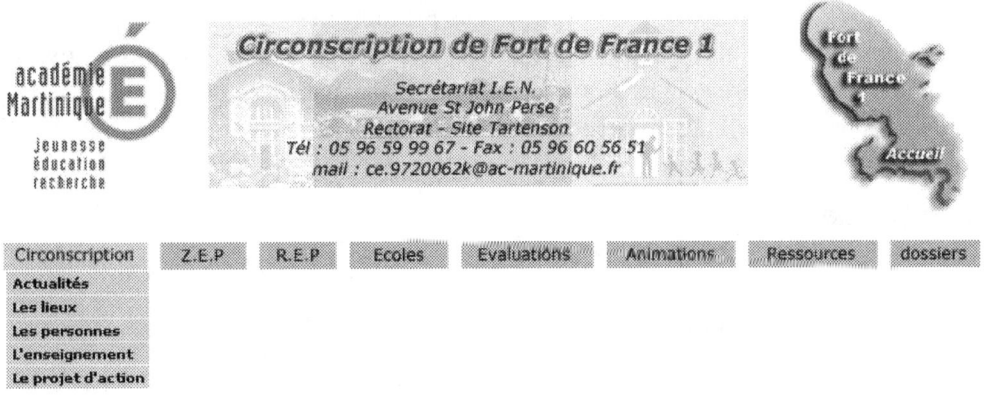

UNIT 22

TEXTE DE COMPRÉHENSION AUDITIVE : RÉPONSES

Les Antilles: Coup d'oeil sur le passé

Source:
http://www.gov.mb.ca/labour/immigrate/multiculturalism/2_2.fr.html
Mars six 2005

L'histoire écrite des Antilles commence avec l'arrivée de Christophe Colomb en 1492. Les îles représentent des escales importantes pour les navires européens qui se dirigent vers l'Amérique centrale et l'Amérique du Sud. Ce sont également des points stratégiques importants, et l'on y trouve des plantations de canne à sucre qui sont très rentables étant donné qu'à l'époque, la main-d'oeuvre est formée d'esclaves.

Les premiers habitants de la région sont des Amérindiens, les Caribes et les Arawaks. Ce groupe d'autochtones, qui sont apparentés aux Indiens de l'Amérique du Nord, sera pratiquemment décimé à cause du système barbare de travail forcé imposé par les colonisateurs espagnols. Pour remplacer les autochtones, des esclaves africains sont amenés par les Espagnols et plus tard par les Britanniques. Après l'abolition de l'esclavage en 1833, on engage des Indiens d'Asie et des Chinois pour travailler dans les plantations de canne de sucre. La plupart des Noirs émancipés louent des terres appartenant à des Britanniques. Ils occupent de petits lopins de terre et se spécialisent dans diverses cultures commerciales destinées aux marchés locaux.

1ière partie
Réponses aux questions de compréhension auditive

1. Depuis quand date l'histoire écrite des Antilles ?
Elle date de l'arrivée de Christophe Colomb en 1492.

2. Que faisaient les navires européens à destination de l'Amérique ?
Ils faisaient escale aux Antilles.

3. Pourquoi la main d'oeuvre des Antilles était-elle bon marché ?

Parce qu'elle était formée d'esclaves.

4. Qui vivaient aux Antilles avant l'arrivée des Espagnols ?

Ce sont les Amérindiens, les Caribes et les Arawaks.

5. Pourquoi les esclaves africains ont-ils remplacé les autochtones ?

Les Africains les ont remplacés parce que les autochtones ont été décimés par le travail forcé imposé par les Espagnols.

6. Après l'abolition de l'esclavage, qu'ont fait les Noirs émancipés ?

Ils ont loué des lopins de terre et se sont spécialisés dans diverses cultures commerciales pour le marché local.

2ième partie

Après que les Asiatiques ont complété leur engagement, ils obtiennent gratuitement des terres que certains d'entre eux vont cultiver. Ils forment ainsi une classe de propriétaires de modestes plantations de canne à sucre.

Les Chinois quittent la terre à la fin de leur contrat et commencent à établir de petites entreprises. Ils composent bientôt la classe de commerçants, qui est disséminée dans les Grandes Antilles. En Guyane, la population sera diversifiée encore davantage par l'immigration de quelque milliers de Portugais venant de Madère.

Les Britanniques forment le groupe le plus puissant et le plus riche de la région à cette époque, malgré le fait que beaucoup d'entre eux soient retournés en Angleterre et aient délégué à des contremaîtres l'administration de leurs plantations. La race est un facteur déterminant du statut social. Bien qu'aucune loi ne permette la discrimination contre la grande majorité des gens d'ascendance africaine, il existe des préjugés inhérents à la structure sociale des sociétés insulaires en faveur des planteurs et des administrateurs des colonies. Cette situation fera pencher la balance à l'encontre des aspirations des habitants d'ascendance africaine.

Les habitants des Caraïbes sont habitués à se démener pour améliorer leurs conditions de vie. Le système d'éducation par lequel la plupart des immigrants des Antilles ont passé est semblable à celui qui est offert à l'élève moyen d'Angleterre. C'est pourquoi les Antillais ont tendance en majorité à émigrer de préférence au Canada et aux États-Unis, le traumatisme associé à cette décision étant généralement très limité.

Réponses à l'activité auditive de la 2ième partie

(1) engagement
(2) propriétaire
(3) contrat
(4) disséminée
(5) à cette époque
(6) contremaîtres
(7) préjugés
(8) insulaires
(9) d'ascendance
(10) émigrer

UNIT 23

Texte de compréhension auditive : Réponses

Radio Haïti cesse d'émettre pour raisons de sécurité

Source:
Agence France Presse

21/02 14:05 :

La directrice de Radio Haïti Inter, Michèle Montas, veuve du plus célèbre journaliste haïtien, Jean Dominique, assassiné le 3 avril 2000, a annoncé que sa station allait cesser ses émissions samedi à la suite de "menaces constantes et de dangers évidents" contre ses journalistes.

"Nous avons déjà perdu trois vies (Jean Dominique et son gardien Jean Claude-Louissaint assassinés en avril 2000 et Maxime Séide, garde du corps de Michèle Montas abattu le 25 décembre dernier), nous refusons d'en perdre davantage", a indiqué Mme Montas précisant que la "pénible décision" de cesser d'émettre était "temporaire" mais que l'on ne pouvait en connaître la durée.

1. Qui est Michèle Montas ?
C'est la directrice de Radio Haïti Inter.

2. Est-elle toujours mariée ?
Non, elle est veuve.

3. Qu'est-ce qui est arrivé à Jean Dominique ?
Il a été assassiné.

4. A quelle date cela s'est passé ?
Le 3 avril 2000.

5. Pourquoi la station de radio va-t-elle cesser de diffuser ses émissions ?
A cause de menaces constantes et de dangers évidents.

6. Qui était Maxime Séide ?
C'était le garde du corps de Michèle Montas.

7. Que lui est-il arrivé le jour de Noël ?
Il a été abattu.

8. La décision prise par Michèle Montas est-elle définitive ?
Non, elle est temporaire mais de durée indéterminée.

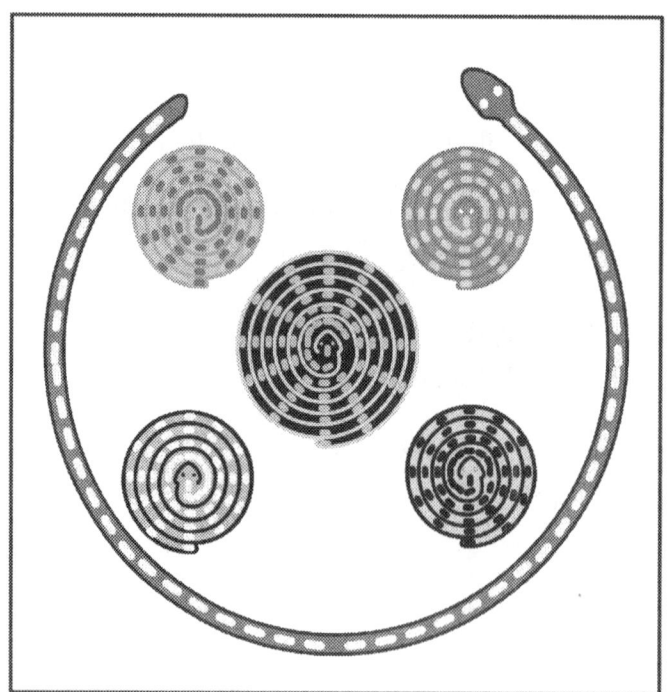

PART 6

ANSWERS FOR SITUATIONS

Part 6: Answers to situations

Unit 24:   Situation practice 1

Unit 25:   Situation practice 2

Unit 26:   Situation practice 3

UNIT 24
Réponses aux Situations

Situations 1

Réponses aux situations.

1. Je vous prie de fermer la porte.
2. Je voudrais du café avec du lait, du pain, du beurre et de la confiture.
3. Qu'est-ce que vous prenez, Monsieur ?
4. Vous pouvez m'apporter un oreiller, s'il vous plaît.
5. Vous faites quelle taille ?
6. Je peux essayer la robe rouge ?
7. Cette jupe vous va très bien, Mademoiselle.

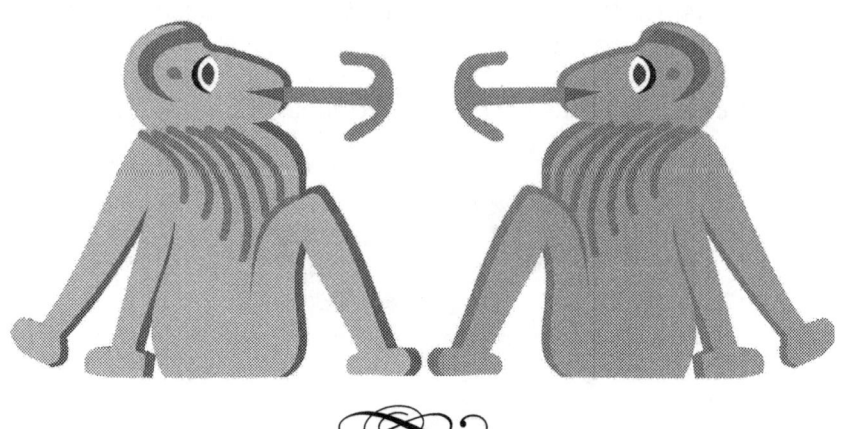

UNIT 25
Réponses aux Situations

Situations 2

Réponses aux situations.

1. Je vous remercie de cet agréable weekend.
2. Je suis désolé(e), mais je n'ai pas de monnaie.
3. Le spectacle était annulé.
4. Combien de temps allez-vous passer en Guadeloupe ?
5. Quel est le plat le plus typique de votre pays ?
6. Bonjour, Mademoiselle, pourriez-vous me dire quels films on passe au cinéma aujourd'hui.
7. Excusez-moi, je voudrais une glace. Qu'est-ce qu'il y a comme parfums ?
8. C'est combien pour envoyer une lettre en Jamaïque ?
9. Vous parlez très bien le français. Ça fait combien de temps que vous apprenez le français ?
10. Qu'est-ce que vous me conseillez comme dessert ?

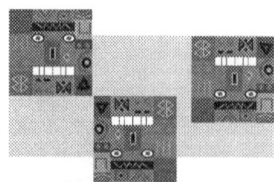

UNIT 26
Réponses aux Situations

Situations 3

Réponses aux situations.

1 Avec grand plaisir, merci beaucoup.

2 Pourriez-vous me dire ce qu'il y a à faire et à voir à Fort de France, Mademoiselle, s'il vous plaît.

3 Quel temps fait-il en hiver en métropole ?

4 Combien de temps pensez-vous que la grève des autobus va durer ?

5 Madame, ma soeur est souffrante. Elle sera absente ces deux prochains jours.

6 Je n'ai manqué aucun cours de français cette année.

7 Bonjour, Madame. Puis-je vous aider ?

8 Alors, laquelle des deux cravates préférez-vous, Monsieur ?

9 Bonsoir, Monsieur. J'ai réservé une table pour quatre pour huit heures et demie au nom de Monsieur Dumas.

10 Je vous prie de bien vouloir vous asseoir, Monsieur.

About the Author

Béatrice Boufoy-Bastick is a linguist and an educator. She holds a postgraduate in education from the University of London, a Master's Degree from the Sorbonne University in Paris and a doctorate from the University of the West Indies in Jamaica.

She has a wide cross-cultural experience in second language teaching (French, English and Spanish) in higher education in Europe, Asia, Oceania and the Caribbean. She is currently a Senior lecturer and Head of the Language Centre at the University of Guyana, South America.

Market in Martinique

Dr. Boufoy-Bastick's publications include journal articles in second language teaching methodology and in anthropological research methods. Her latest book Academic Attainments and Cultural Values* looks at the interaction of culture and second language pedagogy. It provides an in-depth comparative analysis of cultural determinants of second language teaching and learning in multicultral societies.

Le Français avancé

Béatrice Boufoy-Bastick

*Boufoy-Bastick, Béatrice (2003). Academic attainments and cultural values. München: Lincom Europa. pp. 316

Le Français avancé

www.ingramcontent.com/pod-product-compliance
Lightning Source LLC
Chambersburg PA
CBHW080539300426
44111CB00017B/2803